Le fond de l'air est jaune

Le fond de l'air est jaune

Comprendre une révolte inédite

Textes réunis et présentés
par Joseph Confavreux

ÉDITIONS DU SEUIL
57, rue Gaston-Tessier, Paris XIXe

ISBN 978-2-02-142620-5

www.seuil.com

Avant-propos
Joseph Confavreux

Les ronds-points sont une invention française, tout comme l'idée de les bloquer vêtus de gilets jaunes. C'est en effet l'urbaniste Eugène Hénard (1849-1923) qui a réalisé le premier giratoire de l'histoire, autour de l'Arc de Triomphe à Paris. Sans pouvoir se douter que la place de l'Étoile, comme plusieurs des 30 000 ronds-points que compte aujourd'hui la France, championne du monde en la matière, deviendrait en 2018 l'un des improbables épicentres d'une révolte inédite.

En y installant leurs baraques, leurs tentes, leurs plots et leurs barrières, les manifestants les ont transformés en places publiques, permettant à des gens qui s'évitaient jusqu'alors de fraterniser. Ils ont aussi, et ainsi, fait voler en éclats les faux-semblants consensuels d'une société qui a remplacé le carrefour, avec ses risques de collisions mais encore ses possibilités de rencontres, par le rond-point, métaphore et illusion d'un monde où tous les flux iraient dans la même direction, mais pas à la même allure que les grosses cylindrées conduites par les « premiers de cordée ».

Ainsi que l'ont écrit le philosophe Pierre Dardot et le sociologue Christian Laval, « les gilets jaunes, que cela plaise ou non, ont réussi ce que trente ans de luttes sociales n'ont pas réussi à faire : mettre au centre du débat la question de la justice sociale. Mieux, ils ont imposé on ne peut plus clairement la question fondamentale pour toute l'humanité du lien entre justice sociale et justice écologique[1] ».

De cette histoire encore en cours, chacun conserve sans doute déjà un souvenir de quelque chose qu'il n'aurait jamais cru voir ou entendre : les Champs-Élysées, interdits aux manifestations depuis le 6 février 1934, pris d'assaut et couverts de lacrymo ; un opticien de Saint-Étienne reconnaissant, médusé, certains de ses clients parmi les pilleurs de son magasin ; un gilet jaune filmant en Facebook Live l'intégralité de son entretien avec un ministre ; le mariage de deux manifestants vêtus de jaune au péage occupé de Séméac-Tarbes-Est ; une « mamie asthmatique », ainsi qu'il était écrit sur son gilet, s'aspergeant les yeux de sérum physiologique entre deux charges de CRS ; des groupes d'extrême gauche et d'ultra-droite battant le même pavé, mais en venant parfois aux mains ; ou encore les comparutions immédiates sidérantes de « primo-manifestants », selon le terme désormais consacré pour décrire tel boucher-charcutier de quarante-cinq ans venu spécialement des Hautes-Alpes, ou tel autre forgeron de trente-sept ans tout juste débarqué des Ardennes afin de « monter sur » l'Élysée…

De cette histoire encore en cours, il est toutefois déjà possible, voire nécessaire, de fixer certains contours sans en figer le sens. Afin de prendre la mesure d'un événement qui a bouleversé, selon leurs propres mots, l'atonie existentielle de beaucoup de celles et ceux qui y ont participé, mais aussi fracassé le sentiment diffus d'impuissance politique de nombre de celles et ceux qui les ont observés, de tout près ou de plus loin. En effet, pour

1. Pierre Dardot et Christian Laval, « Avec les gilets jaunes, contre la représentation, pour la démocratie », Mediapart, 12 décembre 2018.

reprendre les mots de l'écrivain Dimitris Alexakis, le soulèvement des gilets jaunes fait « apparaître, comme en une explosion, tout un monde. Il politise des situations, des lieux et des parcours qui semblaient avoir été remisés hors du champ politique[1] ».

Bien sûr, ainsi que l'écrivait Edgar Morin, « ces événements extraordinaires échappent aux explications ordinaires[2] ». Et il serait donc vain de chercher une signification monolithique, ou même dominante, à cette mobilisation, à la fois protestation contre la vie chère, demande de justice sociale et fiscale, conséquence de la déréliction des institutions représentatives, reflet d'une « situation populiste[3] », pot-pourri de passions joyeuses ou tristes, miroir des travers monarchiques d'une Vᵉ République qui ne veut connaître qu'un homme seul face à « son » peuple, ou encore signal d'un « épuisement physique et psychologique qui est aussi la trace de notre épuisement démocratique », selon l'historien Quentin Deluermoz[4]…

L'éventail des comparaisons historiques qui ont pu être projetées sur les gilets jaunes, depuis la Révolution française jusqu'au mouvement de Pierre Poujade ; depuis les « chemises vertes » agraires de l'entre-deux-guerres jusqu'aux bonnets rouges des années 2010 ; depuis les journées de juin 1848 jusqu'aux révoltes viticoles de 1907, atteste aussi de la difficulté à cerner le caractère inédit de cette révolte contemporaine.

1. Dimitris Alexakis, « On vous attend. Notes sur les gilets jaunes », Mediapart, 24 décembre 2018.

2. Edgar Morin, « La couleur jaune d'un gilet a rendu visibles les invisibles », Mediapart, 24 décembre 2018.

3. Selon les termes de Chantal Mouffe, interviewée par *Libération* (« Une réaction à l'explosion des inégalités entre les super riches et les classes moyennes », 3 décembre 2018).

4. Quentin Deluermoz, « Le mouvement des "gilets jaunes" traduit un épuisement démocratique », *Le Monde*, 15 décembre 2018.

Tenter de la comprendre – c'est-à-dire en accueillir les formes, en saisir les ressorts et en imaginer les conséquences – suppose alors tout à la fois de croiser les regards et de rester modestes. Car si les gilets jaunes ont *percuté* toute une société, ils ont fait trembler les cadres d'analyse des chercheurs et des penseurs.

Au début, le monde intellectuel a d'ailleurs regardé le plus souvent de loin, voire en se pinçant le nez, une mobilisation qui semblait remettre en cause aussi bien les défis écologiques contemporains que la solidarité nationale permise par l'impôt. La présence de groupuscules fascistes, comme les propos sexistes, homophobes, racistes et antisémites tenus par certains gilets jaunes, et surexposées par certains commentateurs politiques ou médiatiques, ont ajouté au brouillage.

Toutefois, rapidement, nombre de penseurs et de chercheurs ont emprunté le chemin inverse d'Éric Brunet, journaliste pour RMC et BFM, qui avait endossé son gilet jaune le 17 novembre, lors du premier acte de la mobilisation, avant de s'en désolidariser, quand il s'avéra que ce qui se passait ne pouvait être réduit à une protestation antifiscale d'automobilistes en colère, ni même de « gaulois réfractaires » fiers du drapeau tricolore.

Il ne s'agissait pas, pour toute une partie du monde intellectuel, d'endosser sans regard critique un vêtement réfléchissant devenu un signifiant flottant propice à toutes les appropriations et les projections. Mais se mettait d'abord à jour la nécessité de défendre les gilets jaunes contre le mépris de classe dont ils étaient souvent victimes. L'historien Gérard Noiriel, auteur d'une récente *Histoire populaire de la France* (Agone, 2018) et lui-même issu d'un milieu populaire, a ainsi précocement remis en cause l'idée que l'on aurait affaire à une « jacquerie », terme péjoratif, symptôme de « l'importance du langage dans l'interprétation des luttes populaires[1] ». Quant à l'écrivain Édouard Louis, il a jugé que « les gilets jaunes représentent une sorte de test de Rorschach sur une grande partie de la bourgeoisie ; ils les obligent à exprimer leur mépris de classe et leur violence que d'habitude ils n'expriment que de manière détournée[2] ».

Plusieurs intellectuels sont ensuite montés au créneau pour refuser de réduire la mobilisation des gilets jaunes à ce que leurs détracteurs mettaient en avant, voire montaient en épingle. Ainsi de la « violence » dont l'économiste et philosophe Frédéric Lordon rappelait qu'elle ne pouvait se comprendre sans le « déni de la violence sociale » et l'aveuglement vis-à-vis d'une situation où, « au bout de trente ans de néolibéralisme parachevés par dix-huit mois macroniens de guerre sociale à outrance, des groupes sociaux entiers ont été poussés à bout[3] ». Ainsi, également, de la dénonciation des « chemises brunes » censées être dissimulées sous les gilets jaunes. Pour le journaliste Claude Askolovitch, en dépit de la « quenelle des salopards », celle-ci « n'est qu'un instant des gilets jaunes, que seule l'acrimonie élitaire décrète *signifiant* ». La défense des juifs y devient, selon lui, moins une lutte véritable contre l'antisémitisme que « l'ultime morale des pouvoirs que leurs peuples désavouent[4] ».

1. Gérard Noiriel, « Les gilets jaunes et les leçons de l'histoire », sur le blog de l'auteur, 21 novembre 2018.

2. Édouard Louis, « Chaque personne qui insultait un gilet jaune insultait mon père », *Les Inrockuptibles*, 4 décembre 2018.

3. Frédéric Lordon, « Fin de monde ? », *Le Monde diplomatique*, 5 décembre 2018.

4. Claude Askolovitch, « La défense des juifs, ultime morale des pouvoirs que leurs peuples désavouent », Slate, 26 décembre 2018.

Mais, au-delà de ces textes visant à défendre intellectuellement les gilets jaunes contre leurs critiques, le fait singulier, pour le monde des idées, a été que cette mobilisation a aussi été celles des sciences sociales et humaines, rarement aussi présentes et précises face à l'irruption du contemporain. Au lieu des sempiternelles et attendues passes d'armes entre intellectuels médiatiques, on vit plutôt circuler les analyses de la fine fleur de la recherche française.

Plusieurs laboratoires se sont ainsi déployés, en collectif et en urgence, pour comprendre ce qui se déroulait sous nos yeux, et préciser le profil et les motivations des manifestants. Ce fut le cas des soixante-dix universitaires mobilisés par Sciences Po Bordeaux, mais aussi à Marseille, Caen, Rennes, Montpellier et Grenoble pour faire passer et analyser 166 questionnaires dont les premiers résultats ont été publiés dès le 11 décembre[1]. Ce fut aussi la démarche d'un groupe composé de chercheurs et de doctorants de Lille et de Sciences Po Paris, qui a analysé le mouvement durant un mois, sous la coordination de Yann Le Lann, maître de conférences en sociologie à l'université de Lille[2].

Que ce soit sur des blogs personnels ou dans les médias, des dizaines de textes éclairants ont paru, produits à partir des meilleurs outils de l'histoire, de la sociologie, de la géographie, de la science politique, de la philosophie, de l'économie, des sciences de l'information…

Quinze d'entre eux ont été rassemblés ici : rédigés spécialement pour cet ouvrage, versions enrichies de textes publiés

1. « Une enquête pionnière sur la révolte des revenus modestes », *Le Monde*, 11 décembre 2018.

2. Yann Le Lann, « Le mouvement des gilets jaunes est avant tout une demande de revalorisation du travail », entretien avec Sylvia Zappi, *Le Monde*, 24 décembre 2018.

à chaud ou republications de tribunes. À la fois archives du présent et armes pour l'avenir, ils sont signés Étienne Balibar, Ludivine Bantigny, Louis Chauvel, Isabelle Coutant, Aurélien Delpirou, Olivier Ertzscheid, Michaël Fœssel, David Graeber, Samuel Hayat, Jean-Claude Monod, Thomas Piketty, Pierre Rosanvallon, Alexis Spire, Sophie Wahnich et Michelle Zancarini-Fournel.

Déployés en quatre moments (« Les gilets jaunes sous l'œil de l'Histoire » ; « Les raisons de la colère » ; « Cinquante nuances de jaune » et « Le spectre des possibles »), ces articles sont accompagnés de photographies, de slogans, de textes des acteurs eux-mêmes, avec lesquels ils partagent la volonté de documenter un moment qui n'a pas fini de résonner.

Espérons qu'ils permettent, aussi, de se confronter à l'anticipation de « la bataille qui viendra après », pour reprendre les mots de l'économiste Cédric Durand, dans un texte portant le même titre que ce livre[1], et dans lequel il jugeait que « là, c'est déjà une polarisation entre droite extrême et gauche conséquente qui se profile. »

Joseph Confavreux est journaliste à Mediapart, en charge des livres et de la vie des idées. Il est aussi corédacteur en chef de la *Revue du crieur* et a codirigé l'ouvrage *La France invisible* (La Découverte, 2006).

1. Cédric Durand, « Le fond de l'air est jaune », *Contretemps*, 11 décembre 2018.

Matthieu Lemarié, *Arts et traditions populaires*,
peinture céramique sur assiettes anciennes.

I

Les gilets jaunes sous l'œil de l'Histoire

L'économie morale et le pouvoir
Samuel Hayat

Difficile de ne pas être saisi par le mouvement des gilets jaunes[1]. Tout y est déconcertant, y compris pour qui se fait profession de chercher et d'enseigner la science politique : ses acteurs et actrices, ses modes d'action, ses revendications. Certaines de nos croyances les mieux établies sont mises en cause, notamment celles qui tiennent aux conditions de possibilité et de félicité des mouvements sociaux. D'où la nécessité de mettre à plat quelques réflexions issues de la libre comparaison entre ce que l'on peut voir du mouvement et des connaissances venant d'autres terrains pour tenter de dire ce qui a eu lieu.

Les images rapportées par les médias comme les déambulations personnelles pendant les événements du 1er décembre 2018 ont donné à voir un Paris jamais vu, ni en 1995, ni en 2006, ni en 2016, trois moments pourtant où l'espace-temps habituel des mobilisations parisiennes s'était trouvé profondément déformé. Certains ont pu parler d'émeutes ou de situation

1. Ce texte a d'abord été publié le 5 décembre 2018 sur le blog de l'auteur. Il n'est repris ici qu'avec de légères modifications. Merci à Célia Keren pour sa relecture.

insurrectionnelle. C'est possible, et pourtant rien ne ressemble à ce qui a pu avoir lieu durant les insurrections de 1830, 1832, 1848 ou 1871. Toutes ces insurrections avaient lieu au quartier, mettant en jeu des sociabilités locales, un tissu relationnel dense permettant aux solidarités populaires de se déployer[1]. Mais le 1er décembre, le feu a pris au cœur du Paris bourgeois, dans ce nord-ouest parisien qui n'avait jusqu'ici jamais été vraiment le théâtre de telles opérations. Loin d'être menées par des forces locales, érigeant des barricades pour délimiter un espace d'autonomie, ces actions ont été le fait de petits groupes mobiles, habitant souvent ailleurs.

Évidemment, les sociabilités locales jouent dans la formation de ces groupes. Il suffit de regarder ailleurs qu'à Paris pour voir la réappropriation collective d'un territoire, la formation de liens durables… Mais le 1er décembre, ces solidarités se sont déplacées dans un espace de manifestation lui-même plutôt habituel : les lieux du pouvoir national. On est là dans un registre tout à fait moderne, n'en déplaise à ceux qui parlent de jacqueries : c'est bien d'un mouvement national et autonome dont il s'agit, pour reprendre les catégories clés par lesquelles Charles Tilly qualifie le répertoire d'action typique de la modernité. Mais les règles de la manifestation, fixées de longue date (on situe généralement leur formalisation en 1909[2]), sont

1. Laurent Clavier, Louis Hincker et Jacques Rougerie, « Juin 1848. L'insurrection », in *1848. Actes du colloque international du cent cinquantenaire, tenu à l'Assemblée nationale à Paris, du 23 au 25 février 1998*, Jean-Luc Mayaud (dir.), Paris, Creaphis, 2002, p. 123-140 ; Maurizio Gribaudi, *Paris ville ouvrière. Une histoire occultée (1789-1848)*, Paris, La Découverte, 2014 ; Michèle Riot-Sarcey, *Le Procès de la liberté. Une histoire souterraine du XIXe siècle en France*, Paris, La Découverte, 2016.

2. Samuel Hayat, « La République, la rue et l'urne », *Pouvoirs*, vol. 116, 2006, p. 31-44.

ignorées : pas de cortège, pas de responsables légaux, pas de parcours négocié, pas de service d'ordre, pas de tracts, de banderoles, d'autocollants, mais des myriades de slogans personnels inscrits au dos d'un gilet jaune.

Toute la pratique du maintien de l'ordre en est bouleversée, et on a pu voir combien les professionnels de la répression, malgré leur nombre, leur armement, leur entraînement, s'étaient trouvés débordés, incapables d'assurer même leur propre sécurité, sans parler de celle des biens et des personnes. Cet échec du maintien de l'ordre physique est allé de pair avec un échec encore plus complet du maintien de l'ordre symbolique : le jour de la manifestation, le Président était en déplacement pour un sommet international, le gouvernement et les parlementaires étaient inaudibles (la rançon à payer pour un pouvoir personnel s'étant entouré de courtisans médiocres[1] pour qu'aucune ombre n'en affaiblisse l'éclat), le pseudo-parti au pouvoir (LREM) était occupé à élire un nouveau délégué général, comme si de rien n'était.

L'ordre vacillant, la ville était laissée aux manifestants, tout était permis, et ce dans un espace incarnant le privilège, d'où des libertés prises avec les normes habituelles d'utilisation de l'espace public. On ne pleurera pas avec les « familles des vitrines », pour reprendre l'expression consacrée ; cependant il faut prendre la mesure de la menace que cette destruction fait peser sur le pouvoir : que le premier samedi de décembre, les quartiers où s'alignent hôtels et commerces de luxe soient l'objet de tels débordements, forçant la fermeture des grands magasins du boulevard Haussmann, constitue un risque économique

1. Écoutons Agnès Buzyn assurer le 1er décembre que « Tous les jours nous agissons pour faire disparaître la colère et la peur » ou Benjamin Griveaux le lendemain que « nous ne changerons pas de cap car le cap est le bon ».

significatif. Si l'on décentre le regard de la seule capitale, la mobilisation a été grande dans tout le pays, rendant le maintien de l'ordre d'autant plus coûteux. Laisser pourrir la situation jusqu'à Noël, ce qui devait être une tentation pour les autorités avant le 1er décembre, est impossible ensuite.

La sociologie des mouvements sociaux a depuis longtemps dessillé les yeux des croyant.e.s dans la spontanéité des masses. Derrière tout mouvement social apparemment spontané, on trouve des entreprises de mobilisation, des personnes capables de mettre du capital militant au service de la cause, des ressources matérielles et symboliques ainsi que des compétences souvent acquises dans des luttes précédentes… Pas de révolution tunisienne sans Gafsa, pas de mouvement 15-M sans Stop expulsions et la Juventud Sin Futuro, pas de Nuit debout sans mobilisation contre la loi Travail. Mettra-t-on au jour de telles généalogies pour les gilets jaunes ? Peut-être, mais elles n'auraient qu'un faible pouvoir explicatif, car elles ne diraient rien des raisons profondes du succès surprenant, par son intensité et son extension sur le territoire, de cette mobilisation, sans que soient intervenues les organisations de mouvement social les mieux dotées en ressources.

S'il y a bien un travail de représentation du mouvement, qui le fait exister comme mouvement (« les gilets jaunes »), ce travail est remarquablement décentralisé, passant par les multiples groupes locaux s'organisant par les réseaux sociaux, par l'agrégation médiatique de paroles diverses et par le travail d'interprétation que mènent journalistes, politiques, sociologues. La volonté de donner au mouvement des porte-parole habilités à négocier avec les autorités a rapidement échoué. Beaucoup de commentateurs ont glosé sur la supposée incohérence des motifs et des acteurs ; au contraire, étant donné la fragmentation de sa représentation, l'unité du mouvement est surprenante. Unité d'action, solidarité, consensus apparent sur une série de revendications, unité même de rythme. Le choix du gilet jaune, ce vêtement rendu obligatoire pour tou.te.s les automobilistes, et qui justement a pour but premier de se rendre visible, est particulièrement heureux et a sûrement été une condition matérielle de l'extension si rapide d'un symbole unique.

Mais le choix de passer à l'action, et de le faire avec cette vigueur et cette cohérence, ne saurait être le simple résultat d'un emblème accrocheur, du bon usage des réseaux sociaux, ni d'un mécontentement, fût-il grand et largement partagé. Les mots « mécontentement », « colère », « grogne » sont des paravents qui empêchent de saisir les raisons de la mobilisation – au double sens des causes et des justifications que l'on se donne. Tout l'enjeu est alors de trouver une explication au mouvement qui embrasse à la fois sa forme (sa décentralisation, sa radicalité) et son fond (les revendications).

Les revendications, justement, méritent qu'on s'y attarde. On en sait peu sur la manière dont elle a été composée, mais une liste de quarante-deux revendications a été diffusée et largement reprise, tant dans les groupes que par les médias[1]. Ces revendications possèdent quelques traits remarquables qui ont déjà été relevés : elles sont majoritairement centrées sur les conditions de vie, bien au-delà de la seule question du prix de l'essence ; elles contiennent des prises de position contre la libre circulation des migrants ; elles proposent des changements institutionnels qui renforcent le contrôle citoyen sur les élu.e.s, dont la rémunération se trouverait d'ailleurs ramenée au salaire médian. Cette liste a été qualifiée de « magma

1. Par exemple, sur le site de France Bleu, « Les gilets jaunes publient une liste de revendications », le 29 novembre 2018.

de revendications hétéroclite » (*Libération*, 4 décembre 2018). Il me semble au contraire qu'elle est profondément cohérente, et que ce qui lui donne sa cohérence est aussi ce qui a permis à la mobilisation des gilets jaunes de prendre et de durer : elle s'ancre dans ce que l'on peut appeler l'« économie morale des classes populaires ».

Le concept d'économie morale est bien connu des chercheur.e.s en sciences sociales. Il a été développé par l'historien E. P. Thompson pour désigner un phénomène fondamental dans les mobilisations populaires au XVIIIe siècle : celles-ci faisaient appel à des conceptions largement partagées sur ce que devait être un bon fonctionnement, au sens moral, de l'économie[1]. Tout se passait comme s'il allait de soi que certaines règles devaient être respectées : le prix des marchandises ne devait pas être excessif par rapport à leur coût de production, des normes de réciprocité plutôt que le jeu du marché devaient régler les échanges, etc. Et lorsque ces normes non écrites se trouvaient bafouées ou menacées par l'extension des règles du marché, le peuple se sentait tout à fait dans son droit en se révoltant, souvent à l'initiative de femmes, d'ailleurs.

Leur mobile était bien économique, mais pas au sens habituel : ils n'étaient pas mus par des intérêts matériels au sens strict, mais par des revendications morales sur le fonctionnement

1. Edward Palmer Thompson, « The Moral Economy of the English Crowd in the Eighteenth Century », *Past & Present*, n° 50, 1971, p. 76-136, disponible en français dans *Les Usages de la coutume. Traditions et résistances populaires en Angleterre (XVIIe-XIXe siècle)*, Paris, « Hautes études » EHESS – Gallimard-Seuil, 2015. Sur les révoltes fiscales et l'économie morale, voir les travaux de Rachel Renault, notamment son livre *La Permanence de l'extraordinaire. Fiscalité, pouvoirs et monde social en Allemagne aux XVIIe-XVIIIe siècles*, Paris, Éditions de la Sorbonne, 2017.

de l'économie. On trouve des révoltes similaires en France à la même époque, et même plus tard : les mineurs de la Compagnie d'Anzin, par exemple, la plus grande entreprise française durant une bonne partie du XIXe siècle, se mettaient régulièrement en grève pour rappeler aux patrons les normes qui devaient selon eux organiser le travail et sa rémunération, souvent en référence à un ancien ordre des choses, bref, à la coutume[1].

La résonance avec le mouvement des gilets jaunes est frappante. Leur liste de revendications sociales est la formulation de principes économiques essentiellement moraux : il est impératif que les plus fragiles (SDF, handicapés…) soient protégés, que les travailleurs soient correctement rémunérés, que la solidarité fonctionne, que les services publics soient assurés, que les fraudeurs fiscaux soient punis, et que chacun contribue selon ses moyens, ce que résume parfaitement cette formule « Que les GROS payent GROS et que les petits payent petit ». Cet appel à ce qui peut sembler être du bon sens populaire ne va pas de soi : il s'agit de dire que, contre la glorification utilitariste de la politique de l'offre et de la théorie du ruissellement chere aux élites dirigeantes (donner plus à ceux qui ont plus, « aux premiers de cordée », pour attirer les capitaux), l'économie réelle doit être fondée sur des principes moraux.

Là est sûrement ce qui donne sa force au mouvement, et son soutien massif dans la population : il articule, sous forme de revendications sociales, des principes d'économie morale que le pouvoir actuel n'a eu de cesse d'attaquer de manière explicite, voire en s'en enorgueillissant. Dès lors, la cohérence du mouvement se comprend mieux, tout comme le fait qu'il ait

1. Samuel Hayat, « Une politique en mode mineur. Ordre patronal et ordre communautaire dans les mines du Nord au XIXe siècle », *Politix*, n° 119, 2017, p. 123-146.

pu se passer d'organisations centralisées : comme a pu le montrer l'anthropologue James C. Scott, le recours à l'économie morale fait naître une capacité d'agir collective, une *agency*, y compris chez des acteurs sociaux dépossédés des capitaux habituellement nécessaires à la mobilisation[1].

En effet, l'économie morale n'est pas seulement un ensemble de normes partagées passivement par les classes populaires. Elle est aussi le résultat d'un pacte implicite avec les dominants et s'insère donc toujours dans des rapports de pouvoir. Déjà, dans les classes populaires du XVIIIe siècle étudiées par E. P. Thompson, cette économie morale avait des traits profondément paternalistes : on attendait des détenteurs du pouvoir qu'ils la garantissent, en échange de quoi l'ordre social dont ils profitaient était globalement accepté. Mais que les dominants rompent ce pacte, et alors les masses pouvaient, par l'émeute, les rappeler à l'ordre. C'est ce que l'on voit dans l'émeute des quatre sous, à Anzin, en 1833 : les mineurs protestent contre la baisse des salaires, mais ils se mettent pour cela sous la protection des anciens patrons, évincés par les capitalistes désormais maîtres de l'entreprise, en chantant : « À bas les Parisiens, vivent les Mathieu d'Anzin ! »

Il est peu dire que les autorités actuelles ont rompu ce pacte implicite, tant par leurs mesures antisociales que par leur mépris répété et affiché pour les classes populaires. L'émeute ne vient pas de nulle part, d'un simple mécontentement, ou d'une *agency* populaire indéterminée qui se serait mise spontanément en mouvement : elle est le résultat d'une agression du pouvoir, d'autant plus violente symboliquement qu'elle ne semble pas se reconnaître comme agression. Et le président de la République, censé

1. James C. Scott, *The Moral Economy of the Peasant. Rebellion and Subsistence in Southeast Asia*, New Haven, Yale University Press, 1977.

représenter le peuple français, est devenu l'incarnation de cette trahison, avec ses petites phrases sur les « gens qui ne sont rien », les conseils pour se payer un costume ou pour trouver un emploi en traversant la rue. Au lieu d'être le protecteur de l'économie morale, Emmanuel Macron n'a eu de cesse de la malmener, avec un naturel désarmant, jusqu'à devenir le représentant par excellence des forces qui s'opposent à cette économie morale, c'est-à-dire du capitalisme. Comme il l'a dit pendant la campagne, à propos de la suppression de l'ISF, « ce n'est pas injuste parce que c'est plus efficace » (« Le Grand Oral – 15 minutes pour convaincre » sur France 2, le 20 avril 2017) : on ne saurait mieux illustrer la méconnaissance, voire le mépris, pour toute autre norme que celles de la finance. C'est lui qui a rompu le pacte, c'est à lui que s'adresse le charivari national, ne lui laissant d'autre choix que la répression ou la restauration du pacte.

On saisit alors, dans la question de son devenir, les limites d'un tel mouvement. Les révoltes fondées sur l'économie morale ne se transforment pas nécessairement en événement révolutionnaire, car il suffit que le pacte soit restauré pour que l'émeute s'éteigne. En cela, l'économie morale, si elle révèle la capacité collective du peuple et l'existence d'une marge d'autonomie réelle vis-à-vis des gouvernants, est en tant que telle conservatrice. Par son activation, elle bouleverse temporairement le fonctionnement habituel des institutions, mais ce qu'elle vise, c'est avant tout un retour à l'ordre, pas une transformation révolutionnaire.

Il y a là quelque chose de parfois difficile à entendre et à formuler : ce n'est pas parce qu'un mouvement est authentiquement populaire, ancré dans les croyances les plus communément partagées par la grande majorité, qu'il est émancipateur. Pour reprendre les catégories des sociologues Claude Grignon et Jean-Claude Passeron, croire que le peuple ne peut agir par lui-même, qu'il est toujours soumis à la domination symbolique, c'est faire preuve de légitimisme et de misérabilisme[1]. Le mouvement des gilets jaunes, par sa force, sa spontanéité, sa cohérence, son inventivité, offre un démenti flagrant et bienvenu aux approches de cet ordre. Cependant, il ne faudrait pas tomber dans l'excès inverse, que ces auteurs qualifient de populisme, en s'imaginant que parce qu'un mouvement est populaire, cela signifie qu'il est dans le vrai, dans l'authenticité, dans le bien. Il n'est pas tant le signe d'une révolution que d'un sursaut, face à un véritable délabrement des institutions du gouvernement représentatif.

Car ce que révèle aussi le recours à l'économie morale par les gilets jaunes, c'est l'étendue du désert politique qui s'est installé depuis des décennies. Qu'il ait fallu attendre que le pacte implicite fondamental qui lie gouvernants et gouvernés soit rompu pour qu'il y ait un tel mouvement, alors que depuis des décennies le pouvoir nous matraque de politiques sécuritaires et antisociales, montre bien que les capacités de mobilisation des forces syndicales et politiques se sont réduites à peau de chagrin, ou que les formes que leurs mobilisations empruntent les ont mises dans un état de totale impuissance. Pour le dire clairement, il n'y a rien de réjouissant à ce qu'il ait fallu en arriver là, jusqu'à ce point de rupture, pour que quelque chose ait lieu, et quelque chose qui emprunte à des moyens prémodernes de l'action collective, sous des formes certes renouvelées.

Là est la limite, mais aussi une importante leçon, de la pertinence de la comparaison entre les gilets jaunes et les émeutes relevant de l'économie morale : cette comparaison ne devrait pas être faisable, étant donné l'immense distance censée séparer

1. Claude Grignon et Jean-Claude Passeron, *Le Savant et le Populaire. Misérabilisme et populisme en sociologie et en littérature*, Paris, « Hautes études » EHESS – Gallimard-Seuil, 1989.

les conditions politiques entre ces situations, et pourtant elle s'impose à nous avec force. L'économie morale appartient à des époques et des espaces où n'ont pas joué les formes de politisation nationales et idéologisées de la modernité démocratique, reposant sur l'affrontement entre projets politiques et même entre visions du monde opposées. En cela, le mouvement des gilets jaunes est peut-être d'un autre temps – mais il en dit beaucoup sur notre époque.

Cela a un coût dont il faut prendre la mesure : les mouvements fondés sur l'économie morale s'inscrivent dans le rappel d'une coutume, la soumission à un ordre juste, mais aussi dans le cadre d'une communauté. L'économie morale est conservatrice non seulement parce qu'elle rappelle des normes intemporelles, mais aussi parce qu'elle lie entre elles des personnes définies par une commune appartenance. Dès lors, ses potentialités d'exclusion ne sont pas que des scories dont on pourrait aisément se débarrasser : elles sont au cœur du mouvement. Pour ne prendre que l'exemple le plus flagrant, les revendications contre la libre circulation des migrants, pour les expulsions d'étrangers, et plus encore pour l'intégration forcée des non-nationaux (« Vivre en France implique de devenir français (cours de langue française, cours d'histoire de la France et cours d'éducation civique avec une certification à la fin du parcours) »), tout ceci est indissociable du mouvement, car c'est la conséquence logique de la mise en œuvre d'une économie morale d'abord communautaire, même si elle peut ensuite être travaillée par le mouvement dans différentes directions.

L'économie morale est la proclamation des normes d'une communauté, elle n'étend pas la logique de l'égalité des droits aux étrangers, pas plus qu'elle ne reconnaît les conflits internes, en particulier idéologiques. Ce dernier point éclaire d'un autre jour le refus proclamé des partis : il s'agit certes d'une mise en question du pouvoir des représentants au profit d'une réappropriation populaire de la politique. Mais c'est aussi le refus du caractère partisan de la démocratie, de l'opposition entre projets politiques, au profit d'une unité dont on sait bien qu'elle peut aisément se transformer en « rassemblement haineux autour de la passion de l'Un qui exclut[1] ».

Le détour par ce parallèle historique avec des époques dépassées pourra sembler peu convaincant pour saisir la situation dans son exception. Peut-être ne s'agit-il que d'un simple jeu de l'esprit. Mais peut-être est-il au contraire révélateur de certaines caractéristiques fondamentales du mouvement en cours : son unité improbable, son ancrage populaire, son caractère émeutier, mais aussi ses bien réels aspects conservateurs, antipluralistes et excluants. Peut-être indique-t-il aussi que l'on n'est qu'au début d'une nouvelle histoire. À Anzin, les mineurs n'en sont pas restés aux grèves s'appuyant sur une économie morale. Au contact des premières forces socialistes et syndicales de la région, ils s'en sont approprié les idées et les formes, jusqu'à devenir l'un des foyers d'où est sorti l'anarcho-syndicalisme. Peut-être que le mouvement des gilets jaunes est le signe que les conditions d'une repolitisation sont là, hors du cadre des vieux partis et des vieilles formes de la politique instituées. Rien n'est garanti, mais tout est ouvert.

Samuel Hayat est chargé de recherche CNRS au Centre d'études et de recherches administratives, politiques et sociales (Ceraps). Il travaille principalement sur la représentation politique et sur les révolutions et les mouvements ouvriers du XIXe siècle. Il est l'auteur de *Quand la République était révolutionnaire. Citoyenneté et représentation en 1848* (Seuil, 2014).

1. Jacques Rancière, *Aux bords du politique*, Paris, Folio, 2004, p. 65.

Sans-culottes et gilets jaunes

Sophie Wahnich

Regarder en historienne de la Révolution française ce qui est en train de se passer en France suppose plusieurs angles d'approche[1]. Le premier consiste à analyser des qualifications qui ont surgi de la part de spectateurs étonnés. Est-ce une émotion populaire, une sédition, une jacquerie, une révolution ? Qu'est-ce d'ailleurs qu'une révolution ? La comparaison n'est pas venue d'abord des historiens mais des journalistes et des commentateurs.

Mais il existe une autre manière de regarder ce qui se passe en interrogeant les raisons pour lesquelles les acteurs font la part belle aux références révolutionnaires, de l'imaginaire de la prise de la Bastille au fait de chanter *La Marseillaise*, du portrait de Macron en Louis XVI à la volonté de rédiger des cahiers de doléances.

Enfin, il y a une démarche qui serait celle d'un dialogue avec les acteurs eux-mêmes, lorsqu'ils réinventent des gestes que l'historien a pu analyser pour d'autres moments historiques. Et, ainsi, à la manière de Walter Benjamin ou de Jean-Paul Sartre,

1. Ce texte original reprend certains propos d'un entretien donné à Joseph Confavreux et publié par Mediapart le 4 décembre 2018.

d'effectuer le saut du tigre dans la jungle de l'autrefois pour ramener du carburant, c'est-à-dire des lumières, afin d'aider les interlocuteurs à ne pas risquer de tomber dans des pièges plus difficiles à déjouer que ceux du premier discours qu'Emmanuel Macron a daigné prononcer après trois semaines de silence.

Il s'agirait alors de reprendre la tradition d'une histoire dialectique qui s'écrit dans un rapport étroit à l'analyse des situations passées et présentes. Afin de repérer des dynamiques et de produire le geste de « l'anachronisme contrôlé », cher à l'historienne de la Grèce ancienne Nicole Loraux, et d'emprunter, ainsi, des chemins inédits mais éclairés, malgré tout, par ce qui se répète dans l'histoire, pour le meilleur et pour le pire. Essayons.

À mon sens, la scénographie qui se déploie dans le premier temps du mouvement ressemble sans doute davantage aux séditions décrites dans les *Discorsi* en son temps par Machiavel qu'aux émeutes révolutionnaires dont le projet politique, même immanent, est sans doute plus clarifié. Ce qui ne veut pas dire qu'il n'y a pas de potentialités révolutionnaires dans ce qui se passe, d'autant que les raisons desdites séditions sont à chercher du côté d'une sorte de lutte de classe entre *popolo minuto* et *popolo grosso*, et qu'elles sont déclenchées par les excès du *popolo grosso*, c'est-à-dire des grands.

« Le plus souvent, nous dit Machiavel, les troubles sont causés par les possédants, parce que la peur de perdre engendre chez eux la même envie que chez ceux qui désirent acquérir. En effet, les hommes ne croient pas posséder en toute sécurité s'ils n'augmentent pas ce qu'ils ont. En outre, possédant déjà beaucoup, ils peuvent plus violemment et plus puissamment susciter des troubles. » À force de vouloir toujours dominer davantage et accumuler davantage et ainsi appauvrir et exaspérer le petit peuple, celui-ci, qui voulait simplement vivre dignement, entre en sédition.

En effet, selon Machiavel, « le peuple désire n'être ni commandé ni opprimé par les grands, tandis que les grands désirent commander et opprimer le peuple ». Si, pour lui, tous les hommes sont « méchants », ils ne le sont donc pas à parts égales. Les grands ou la noblesse le sont par nature bien davantage que les autres car leur désir vise leur intérêt particulier, tandis que le désir du peuple vise par nécessité un « bien » universel – la liberté de tous identifiée à leur sécurité. C'est là le pacte fondateur entre un peuple et ses gouvernants.

Robespierre ne dit pas autre chose quand il oppose le peuple et les gouvernants : « Pour aimer la justice et l'égalité, le peuple n'a pas besoin d'une grande vertu ; il lui suffit de s'aimer lui-même. Mais le magistrat est obligé d'immoler son intérêt à l'intérêt du peuple, et l'orgueil du pouvoir à l'égalité. Il faut que la loi parle surtout avec empire à celui qui en est l'organe. »

Cette dissymétrie des désirs n'est de fait pas réductible à un antagonisme classique, à un simple conflit d'intérêts. Ce qui s'y joue à chaque fois, c'est la possibilité d'inventer une conception de la liberté comme absence de domination. Et cela, oui, possède indéniablement des potentialités révolutionnaires.

Toutefois, les données structurelles entre la période actuelle et la période révolutionnaire ne sont pas les mêmes. Entre la fin du XVIIe siècle et 1789 se dessine un processus d'élaboration de la liberté, une critique de l'absolutisme monarchique de droit divin et de son caractère autoritaire, une acculturation aux Lumières qu'on retrouve aussi bien dans les couches populaires, avec les idées véhiculées dans les almanachs et les encyclopédies portatives, que dans les cercles lettrés qui fréquentent les académies et les salons.

Le moment actuel paraît plus ambivalent. Bien sûr les gens sont éduqués et les lieux d'éducation populaire se sont multipliés, mais ils ne sont pas tous outillés de la même manière. Les *buzz* sur les réseaux sociaux et la téléréalité ne préparent pas à résister à l'air du temps délétère, même s'ils encouragent à se manifester.

Le sentiment que nous avons d'une grande hétérogénéité politique du mouvement vient sans doute de là. Il n'y a pas de formation idéologique discursive unifiée, chacun possède sa propre grammaire. Dans ce contexte de déréliction, les luttes se mènent dans l'événement et la contre-hégémonie culturelle d'extrême droite est loin d'avoir gagné la partie. C'est une bonne nouvelle d'avoir affaire à des gens « fâchés mais pas fachos », comme il était indiqué sur certains gilets jaunes. Même si on assiste à un effort de l'extrême droite, en Allemagne ou aux Pays-Bas, de ramener les gilets jaunes de ce côté.

Ceci dit, la structure sociologique des mobilisations actuelles est très intéressante car elle correspond à celle des sans-culottes, en plus féminin. Aujourd'hui des femmes chefs de famille sont aussi présentes avec des expectatives analogues, des forces de conviction liées à l'expérience du travail salarié et des familles monoparentales. Toute représentation des femmes qui ferait d'elles l'arrière des batailles agissant dans la sphère privée est inadéquate. Comme pendant la Révolution, comme pendant la résistance, elles sont des actrices de premier plan. On a donc affaire, aujourd'hui comme pendant la Révolution française, à des femmes et hommes « faits », pour reprendre l'expression de l'historien Michel Vovelle : des pères et des mères de famille, avec un travail, qui ne veulent pas que les générations suivantes vivent plus mal qu'elles et eux. C'était en tant que tels, en tant qu'ils avaient fondé une famille et qu'ils voulaient une vie bonne que les sans-culottes ont fait la révolution.

Ainsi, le journal *Le Père Duchesne* d'Hebert interrogeait-il : « Braves sans-culottes, pourquoi avez-vous fait la révolution ? N'est-ce pas pour être plus heureux, foutre ? » On assiste à quelque chose de comparable aujourd'hui et, en cela, ce qui se passe sous nos yeux est très différent des émeutes de 2005 qui réclamaient la fin de l'invisibilisation, le respect et l'inclusion des habitants des banlieues ghettoïsées.

L'autre point de comparaison possible, banal mais qu'il faut répéter, c'est l'inégalité de l'assiette de l'impôt. Les gravures de l'époque révolutionnaire montrent des figures populaires écrasées par des nobles et des clercs. Aujourd'hui, ce serait la même chose avec des banquiers ou des actionnaires, et les gouvernants qui les protègent. Le sentiment de commune humanité suppose une égalité devant l'impôt. Les gens sont suffisamment conscients des dégradations du niveau de vie par expérience pour se rendre compte que la facture de l'écologie est inégalement répartie. Et ils refusent non pas la transition écologique, mais le fait que cela pèse inégalement sur les citoyens.

Le troisième point de comparaison possible serait dans le fait que le pouvoir a été trop loin, et a perdu beaucoup de crédibilité. Avec une configuration particulière à notre époque, qui est qu'Emmanuel Macron a fait des promesses à droite et à gauche, donc que certains ont cru qu'il ferait une politique de père de famille, et qu'une partie d'entre eux est d'autant plus fâchée qu'il prend désormais les traits d'un tyran inflexible, en particulier sur la suppression de l'ISF.

Si les mots « jacquerie », « émeute » et « insurrection » ont d'abord occupé les discours ayant accompagné le mouvement des gilets jaunes, le mot « révolution » est finalement venu sur leurs lèvres après trois semaines de lutte, quand la revendication sur les taxes avait manifestement débordé sur des enjeux de revendications politiques démocratiques et que l'ambiance ait pris une tonalité plus insurrectionnelle.

Toutefois, une révolution ne commence pas toujours par des émeutes. La Révolution française n'a pas commencé par une émeute, mais par la subversion des États généraux. L'émeute vient après, le 14 juillet, lorsque le peuple prend la rue pour défendre ce qui avait été obtenu de haute lutte par les députés du tiers état de mai à juillet 1789. Mais il peut y avoir des apprentissages qui circulent rapidement dans des périodes prérévolutionnaires. Même si la plupart des gilets jaunes n'ont pas participé aux luttes contre la loi Travail, même si c'est pour beaucoup la première fois qu'ils manifestent, ils ont pu être influencés par certains répertoires d'action et n'arrivent pas dans la rue en toute naïveté.

On constate qu'ils reformulent aussi des répertoires acquis ailleurs que dans l'arène politique. *La Marseillaise* tient une place importante dans les mobilisations de cet hiver, or je pense que c'est grâce/à cause du foot. Cela permet d'être ensemble, de chanter à l'unisson, d'être dans la joie du chœur. C'est une manière de produire des effets de foule, au sens traditionnel du terme. C'est un objet qui fait le lien entre tous et permet à chacun de se sentir plus fort. S'il n'y avait pas le foot, et seulement l'école, les gens ne sauraient pas *La Marseillaise* et n'en auraient pas un tel usage.

Mais il s'agit d'un usage dialectique. Il se trouve qu'en France, l'hymne national, contrairement à d'autres pays, est aussi un chant révolutionnaire. Dont il me semble, d'ailleurs, qu'il ne faut pas entendre les mots du XVIIIe siècle avec les cadres d'aujourd'hui. Le fameux « sang impur », à l'époque, désigne la question du sacré et de la liberté qui est sacrée. Le sang impur est ainsi celui de ceux qui refusent la liberté. Peut-être qu'aujourd'hui, certains disent « sang impur » parce qu'ils sont fascistes, mais ce n'est pas le sens initial. *La Marseillaise* demeure ambivalente et elle a pu servir à toutes les sensibilités politiques.

De fait, la mobilisation des gilets jaunes n'a pas, pour le moment, témoigné de vision autre que nationale, même si on a vu, hors des frontières, quelques tentatives d'endosser ce vêtement devenu politique. Elle ne s'intéresse ainsi guère, par exemple, à ce qui s'est passé récemment en Grande-Bretagne, avec le mouvement Extinction Rebellion en lutte pour imposer au gouvernement une action claire sur les enjeux écologiques.

Toutefois, même si l'extrême droite est présente dans les manifestations, il demeure une hétérogénéité des manifestants qui me paraît antagoniste avec ce que veulent les mouvements d'extrême droite. L'usage du national se situe, pour la plupart des acteurs, dans une conception unitaire. Il s'agit avant tout de faire un lien. Même si une conception uniquement ethnique est certes parfois repérable et qu'on a vu et entendu des propos faisant la part belle à la xénophobie et à un antisémitisme déjà bien rodé, notamment durant l'acte VI de la mobilisation.

L'avenir du mouvement devrait conduire à expliciter sa teneur idéologique car le travail politique de délibération sur les désaccords a lieu partout sur les ronds-points, et de rond-point à rond-point. Même dans la confusion actuelle, on sent un désir effectif de faire le travail d'unité en vue d'un projet inclusif. Les manifestations en ont témoigné, puisque les groupes qui, à l'instar du Comité Adama, se sont constitués pour lutter contre les fractures raciales ont été bien accueillis et que la jeunesse des quartiers populaires de Seine-Saint-Denis a affirmé sa solidarité avec les aînés exploités.

Cette solidarité est d'autant plus forte que le traitement policier des gilets jaunes ressemble à celui qui a écrasé les mouvements depuis quelque temps. Même si on s'est beaucoup focalisé sur la « violence » des mobilisations, le soutien populaire, lui, est longtemps resté intact et même les télévisions et les journaux paraissent moins choqués que dans d'autres situations où le niveau de violence semblait pourtant moins fort.

En réalité domine le sentiment que la violence produite dans les mobilisations est une violence retournée. Il y a là quelque chose de révolutionnaire, dans cette manière de retourner la violence subie. Pour que la violence puisse paraître acceptable, voire légitime, aux yeux de beaucoup, il faut qu'il y ait eu beaucoup de retenue avant.

Ce qui s'est passé au plus fort des mobilisations de décembre a ressemblé à la prise des Tuileries, qui ne se situe pas au début de la Révolution française, mais arrive après des tentatives calmes de réclamations en faveur de la justice qui ont échoué. Cela avait conduit à une forme de violence qui peut rendre quelque peu hagard, parce qu'on la sentait inévitable. Comme cela fait vingt ans qu'on répète que cela ne peut que « péter », quand ça pète, on ne peut trouver ça complètement illogique ou illégitime.

Pendant la Révolution, le citoyen Nicoleau, de la section de la Croix-Rouge, avait défendu l'idée d'un peuple « véritable souverain et législateur suprême » qu'aucune autorité ne pouvait priver du droit d'opiner, de délibérer, de voter et par conséquent de faire connaître par des pétitions le résultat de sa délibération, les objets et motifs de ses vœux. Il espérait « que les Français ne se trouvent pas dans la fâcheuse nécessité de suivre l'exemple des Romains, et d'user contre les mandataires, non du droit humble et modeste de pétition, qu'on a cherché à leur ravir, mais du droit imposant et terrible de résistance à l'oppression, conformément à l'article 2 de la Déclaration des droits ».

L'abbé Grégoire disait également : « Si vous ôtez au citoyen pauvre le droit de faire des pétitions, vous le détachez de la chose publique, vous l'en rendez même ennemi. Ne pouvant se plaindre par des voies légales, il se livrera à des mouvements tumultueux et mettra son désespoir à la place de la raison… » Nous y sommes.

En France, il n'y a que le droit de vote et guère de possibilités d'adresse au pouvoir, à l'exception des manifestations. Macron n'aime pas les corps intermédiaires, mais, sans corps intermédiaires, le tumulte est vite là. Et c'est une des raisons pour lesquelles les gilets jaunes se placent frontalement contre les lieux et symboles du pouvoir, et qu'ils ont exprimé leur désir d'aller parler directement au président à l'Élysée. Certes, une partie des manifestants s'en est prise aux emblèmes du capitalisme mondialisé dans les quartiers huppés d'une métropole. On a ainsi vu associés Macron, Varennes et les parfums Vuitton. C'est la trop grande dissymétrie des niveaux de vie qui a conduit à ce vandalisme, même si on peut imaginer que l'extrême gauche a ainsi exprimé son anticapitalisme.

Mais, si on prend du recul, au départ, la mobilisation se fait sur les ronds-points. Elle s'est rapprochée des lieux du pouvoir, parce que ce dernier n'a pas répondu à la colère. De ce point de vue, l'incendie de la préfecture du Puy-en-Velay me paraît davantage symptomatique, elle ressemble au désir de brûler les châteaux sans vouloir nécessairement tuer les châtelains, comme au moment de ladite « grande peur ». Dans ce cas, on s'en prend aux symboles d'un pouvoir républicain qui fabrique des mauvaises lois encore davantage qu'aux lieux de l'argent que ce pouvoir protège et honore.

Tout le monde se demande logiquement vers quoi on peut se diriger après cette séquence inédite. En tant qu'historien.ne, on peut dire ce qui est nouveau dans le mouvement, faire le « diagnostic du présent », pour reprendre les mots de Michel Foucault, mais notre travail n'est pas d'imaginer. Personne ne peut savoir où cela va mener, même pas ceux qui participent à ce qui se passe. Il est toutefois intéressant de voir que les gens assument ce qu'ils font, assument un geste politique et tragique, assument y compris l'impureté, alors que l'état ordinaire de l'époque est de ne plus assumer de gestes politiques.

Les deux hypothèses exprimées au début du mois de décembre, l'état d'urgence et la dissolution de l'Assemblée, avaient toutes deux leur cohérence. La première aurait signifié plus d'autoritarisme. L'autre aurait conduit à reconnaître que la crise politique était réelle et qu'il fallait trouver une manière d'en prendre acte. Mais les gilets jaunes ne veulent pas se contenter de l'élection de nouveaux représentants. Leur manière d'envisager une suite prend une vraie dimension révolutionnaire quand ils réclament une autre organisation du pouvoir et le désir de stabiliser des institutions qui ne pourront plus, à l'avenir, les écarter des décisions sur les lois. Bref, leurs revendications sont en quelques semaines passées du refus de la taxe à une revendication de démocratie réelle. À ce titre, ils appartiennent bien à leur époque.

Peut-on donner des conseils ? Aller vite ! Et savoir qu'il faut s'appuyer sur celles et ceux qui ont réfléchi à ces nouvelles formes d'action ou d'organisation de la vie publique, car l'acculturation à ces idées est loin d'être générale. Bref, tenir compte des résistances à la révolution qui toujours se manifestent dans les dynamiques au moment où les groupes qui ont surgi dans une belle ubiquité et sans véritables leaders cherchent à trouver les mots de leur consolidation politique. Le moment périlleux se situe là.

Si le pouvoir veut continuer à défendre l'ordre néolibéral, il va falloir faire davantage de maintien de cet ordre aujourd'hui contesté, bien que cela semble compliqué. Car ce que nous vivons, ce sont aussi les effets de la destruction progressive de l'appareil d'État, le fait qu'il y ait moins de policiers disponibles, et qu'il serait sans doute impossible de tenir, en même temps, Paris et la province. Certains ronds-points, aussitôt démantelés, sont ainsi reconstruits avec parfois davantage de monde.

En outre, beaucoup de policiers en ont ras le bol, et partagent certaines colères qui s'expriment. Si l'appareil d'État qui a le monopole de la violence légitime est susceptible de basculer du côté des insurgés, c'est vraiment une révolution. On n'en est pas là, mais cela peut aller vite.

La prime accordée aux policiers est venue enrayer le mouvement, mais le devenir reste ouvert. Les samedis 8 et 15 décembre, des manifestants offraient des fleurs aux policiers, certains d'entre eux ont laissé des jonctions se faire… Le 22 décembre, la manifestation parisienne était d'une autre nature, l'affrontement avec les policiers plus dur, avec un public beaucoup moins hétérogène et beaucoup plus extrême droitier. Il est impossible de ce fait de généraliser des interprétations présentes pour envisager l'avenir.

Reste à comprendre pourquoi les références à Mai-68, ou même à la Commune de Paris souvent citée dans les mobilisations sur la loi Travail, sont nettement moins présentes que celles à la Révolution française. La Commune constitue une référence du mouvement ouvrier et une référence intellectuelle. Elle intéresse certains groupes mais pas l'universalité des citoyens. Et puis elle n'est pas si joyeuse que cela, parce que la Commune demeure une défaite, tandis que la Révolution française est, au moins partiellement, une vraie victoire. Même si celle-ci n'a pas été totale, la Restauration n'a pas permis de retour à l'Ancien Régime pur et simple, et il est plus agréable de se référer à une victoire qu'à une défaite.

En outre, les gilets jaunes n'appartiennent pas au mouvement ouvrier, même s'ils peuvent être ouvriers. Beaucoup n'ont jamais manifesté auparavant, ce qui était aussi le cas dans les mobilisations contre Ben Ali en Tunisie.

Quant à la faible présence de la référence à 1968, il me semble que cela tient à ce que l'enjeu n'est pas libertaire, il est familial. En 1968, il s'agissait d'inventer une vie fondée sur d'autres normes. Ici, il s'agit davantage d'une forme de lutte des classes, dans un rapport à l'État plus qu'à l'intérieur des usines, qui fait que Mai-68 constitue une référence moins disponible que la Révolution. L'iconographie de 1848 est également présente, mais ce qui est intéressant c'est que, pour la Révolution française, il ne s'agit pas d'une simple iconographie ou d'une signalétique, comme c'était encore le cas pour les bonnets rouges. C'est autre chose.

Alain Minc a affirmé, pour le déplorer, que les gilets jaunes mimaient la Révolution française. Et cela peut faire penser à Claude Lévi-Strauss qui déclarait en 1962 dans *La Pensée sauvage* que « pour que l'homme contemporain puisse pleinement jouer son rôle d'agent historique, il doit croire au mythe de la Révolution française ». En 2018, l'usage fait par les gilets jaunes de cette référence à la Révolution française me paraît être en contraste avec ce que disait Lévi-Strauss. Sauf à être séduit par l'hypothèse des complots, les gilets jaunes ne sont en effet pas des agents mais des acteurs. Ils n'agissent pas au nom de structures ou à l'appel de structures, mais en leur nom propre et de leur propre chef. Et ils défendent jalousement cette position en refusant toute instrumentalisation politique, aussi bienveillante pourrait-elle apparaître.

La Révolution française est-elle alors un récit partagé qui fait tenir, culturellement, la société qui le partage ? Il est quand même aujourd'hui permis d'en douter, tant l'enseignement de la Révolution française a été fragilisé. Dans les programmes, les temps impartis à cette question dans l'enseignement du second degré ont été réduits à la portion congrue. Il a quasiment disparu des universités. Enfin, la disqualification de son versant populaire et émeutier a été forte du côté du courant dit critique, autour de l'historien François Furet, n'ayant fait ainsi que reprendre la version ordinaire de la IIIe République qui ne connaissait comme acteurs que les grands ténors et laissait dans l'ombre l'exercice de la souveraineté populaire.

Mais existe-t-il un récit mythique qui structurerait les mondes populaires ? Peut-être. *La Marseillaise* dont nous venons de parler, ce n'est pas rien ; les bonnets phrygiens non plus. Mais c'est une signalétique insuffisante pour qualifier le mouvement, tant ces symboles sont devenus ambivalents.

Peut-être faut-il alors s'arrêter sur des objets différents. Des pièces de théâtre ont été montées régulièrement sur la période révolutionnaire depuis les années 2000 à l'instar de *Notre terreur* de Sylvain Creuzevault (2009 et 2010), *Ça ira. Fin de Louis* de Joël Pommerat (2016 et 2017) ou *Soulèvement(s)* de Marcel Bozonnet (2016), mais aussi de petites formes opératiques comme *Allégorie Forever* par Marie Hélène Fournier, Pierre Kuentz et moi-même (2009). Au printemps dernier, un *Robespierre* a été monté par Anne Montfort. Faut-il les voir comme des signaux faibles ? Peut-être. Mais ils disaient aussi que quelque chose travaillait, en sous-texte, l'arrogance du néolibéralisme.

Le cinéma aussi a joué un rôle. Dernièrement, le film de Pierre Schoeller, *Un peuple et son roi*, mais aussi, auparavant en 2007, le film de Dominique Cabrera sur la fusillade du Champ-de-Mars intitulé *Le Beau Dimanche*. Les écrivains, aussi, ont réinvesti la Révolution, le personnage principal du *Ah ! ça ira* de Denis Lachaud s'appelle Saint-Just et des drones guillotine y décapitent sans crier gare des têtes de puissants… Les mangas parlent eux aussi beaucoup de la Révolution française et sont très lus.

Mais sans doute que le véritable succès populaire ne se situe pas là, mais dans une comédie musicale intitulée *1789. Les amants de la Bastille*. Des femmes y prennent la parole avec intensité et affirment vouloir oser vivre la vie qu'on leur refuse. Une femme métisse, présente dans la marche des 5 et 6 octobre 1789, y déclare « on veut le monde ». « Terre ronde » rime alors avec « mère féconde », et on affirme que « la femme est souveraine ».

Dans toute cette comédie musicale, ce qui frappe, c'est la capacité à faire vibrer au présent un désir de vivre intense et le nécessaire retour des droits de l'homme et du citoyen. Il faut réécouter les chansons et analyser les paroles de cette œuvre de 2012 pour entendre que, oui, un discours social s'est tissé ces dernières années qui fait effectivement de la période révolutionnaire française un mythe moderne et modernisé. Les gilets jaunes n'ont certes pas tous vu cette comédie musicale, mais c'est quand même avec des millions de « vues » que ses chansons circulent sur Internet.

Enfin, Emmanuel Macron y est sans doute pour beaucoup, qui a voulu se donner des allures de roi, en refusant les corps intermédiaires et en assumant seul l'affaire Benalla. Désormais, qui donc peut empêcher le peuple d'aller parler au roi ? Certes, Macron, quand il voulait assumer une position verticale qui, disait-il, était attendue des Français qui n'avaient pas, selon ses termes, voulu la mort du roi, ne pensait pas, dix-huit mois plus tard, occuper dans l'imaginaire national la position de Louis XVI et voir sa femme Brigitte comparée à Marie-Antoinette…

Mais le mépris social des grands à l'égard des petits n'a rien de mythique, il est l'expérience vécue de ceux qui sont dans la rue ou qui soutiennent ceux qui y sont. La Révolution française offre un script et des symboles. Les « hommes faits » et les femmes actives des classes moyennes paupérisées qui ont lancé ce mouvement témoignent, par les références qu'ils utilisent, que la Révolution française a connu une transmission malgré son « silenciement » voulu par lesdites élites. Vie souterraine et résurgences constituent le propre des grands événements.

Il faut alors des occasions présentes, à l'instar des gilets jaunes, des réinventions sans modèles pour que quelque chose passe. Quand la vaillance cherche ses armes, les soulèvements puisent, dans le trésor retrouvé, l'énergie de la stridence émancipatrice.

Reconnaissons que quelque chose a commencé et qu'il s'agit de suivre une dynamique dialectique pour ne pas figer des interprétations trop rapides. Mais le jeu des analogies n'est pas vain, car il permet de trouver des manières de tenir et d'inventer, et aussi de penser ce que chacun fait dans cette situation mouvante. Ce n'est toutefois que lorsque des gains politiques réels auront été acquis et paraîtront, au moins momentanément irréversibles, qu'il sera possible de dire : « Oui, il y a bien eu une révolution. » Pour le moment, le travail de l'Histoire est en cours et c'est passionnant.

Sophie Wahnich est historienne, directrice de recherche au CNRS, spécialiste de la Révolution française, à laquelle elle a consacré de nombreux ouvrages, dont *La Longue Patience du peuple. 1792, naissance de la République* (Payot, 2008), *La Révolution française n'est pas un mythe* (Klincksieck, 2017) et *L'Intelligence politique de la Révolution française* (Textuel, 2012).

Un événement
Ludivine Bantigny

Un *événement* : cette révolte en est un, indéniablement. Et il n'est pas grandiloquent d'affirmer qu'il est historique : parce qu'il donne le sentiment que rien ne sera plus comme avant. L'événement est une irruption, dont on ne pouvait deviner les formes ni les modalités, et pourtant prévisible, tant les colères étaient sourdes depuis longtemps : le monde danse sur un volcan.

Le mouvement des gilets jaunes a les mots pour le dire. Ayons à ce sujet une certaine lucidité : on a beau être là, discuter, manifester, lire tous azimuts, recueillir des témoignages et des récits, il est encore impossible d'agripper avec certitude ce qui se noue et se joue. L'histoire n'est jamais linéaire, elle n'est jamais simple non plus. Sur les Champs-Élysées, le 1er décembre, un manifestant a tagué, dans le sillon de Lautréamont : « Beau comme une insurrection impure ». C'est vrai, il n'y a pas de pureté de l'événement.

L'analyser, est-ce déjà tenter de l'apprivoiser ? Ce texte, comme ce livre, entend bien s'en garder. À l'heure où il est écrit, l'avenir et les chemins qu'il peut emprunter sont ouverts. Il ne s'agit certainement pas de le replier, de l'enfermer à double tour dans le coffre de ce qui est passé. En revanche, on peut avec lui faire résonner l'histoire : non pas le réduire à de vaines analogies, de fragiles généalogies. 1968-2019 : les contextes diffèrent comme les contours de l'événement. Le mouvement des gilets jaunes n'a pas de bords tranchants. Surtout, l'histoire ne donne pas de leçons : elle ne porte que des ruptures et, bien souvent, des transmissions. Mais les indignations comme les aspirations trouvent à se rapprocher, tels des sentiers qui chemineraient en secret.

L'événement est un inattendu – forcément : un surgissement. Pour autant, pouvait-on le voir venir ? Des mobilisations, massives et déterminées comme celles contre les lois Travail, ou plus dispersées, dans les universités, certaines entreprises, et bien sûr la longue grève des cheminots, préfiguraient cette colère. Si la sociologie des gilets jaunes n'est pas la même, toutes et tous se rejoignent dans le rejet d'un monde où la pauvreté et la précarité côtoient les richesses éhontées, où la concurrence et la loi du marché saccagent l'environnement, épuisent et brisent, à petit feu, les gens. La mobilisation est d'ampleur, tout comme sa popularité. Tout le pays est touché : le soulèvement prend aussi bien à la Réunion qu'à Paris, à Tours qu'à Charleville-Mézières, à Avignon qu'à Marseille, à Auch qu'au Puy-en-Velay.

C'est le propre d'une révolte : elle offre le temps de se retrouver, d'exprimer ce qu'on gardait pour soi mais de le formuler désormais autrement. C'est aussi le trait d'un mouvement collectif : être ensemble donne de la force, aiguise les consciences et accélère le temps. Il soulève des questions, forge des formulations à la fois héritées et renouvelées, et surtout s'estime légitime à le faire. La politique n'est plus seulement dans les cabinets ministériels ou les allées de l'Élysée. Elle est sur les ronds-points et les places où l'on échange, dans les manifestations et les assemblées. Celles-ci ont d'ores et déjà réuni des milliers de personnes dans les universités, au côté d'un mouvement lycéen aussi déterminé que réprimé. Au sein du mouvement comme en 1968, les femmes sont très présentes et très agissantes. Mais elles sont bien plus visibles désormais, elles ne s'en laissent pas compter. Une politisation s'y dessine : la parole se libère, comme en tous ces moments où l'on se retrouve enfin pour discuter et lorsqu'on occupe des lieux : on prend le temps de réfléchir à la manière de changer ce qui ne va pas et qui pourtant, jusqu'à présent, pouvait paraître aller de soi. Le 22 décembre à Besançon, parmi tant de pancartes et autant de slogans, voilà ce qu'on entend et voilà ce qu'on voit : « L'État opprime et la loi triche, l'impôt saigne le malheureux. Nul devoir ne s'impose au riche. Le droit du pauvre est un mot creux. » Le répertoire est révolutionnaire : on chante des *Marseillaise*, mais c'est à l'*Internationale* qu'on emprunte ces vers.

L'élaboration politique se dit d'abord dans ce qui fait le « liant » du mouvement : « Macron démission ». La question du pouvoir est posée. Bien sûr, le mot d'ordre vise l'homme, son arrogance et sa condescendance. Tout à coup, les souvenirs reviennent en foule, qui acèrent le sentiment d'un mépris cynique chez le président de la République : la « sortie » sur les ouvrières « pour beaucoup illettrées » ; l'altercation avec des grévistes à Lunel : « vous n'allez pas me faire peur avec votre tee-shirt ; la meilleure façon de se payer un costard, c'est de travailler » ; les quelques paroles proférées sur les « gens qui ne sont rien » ; la déclaration, à Athènes, contre les « fainéants » ; et l'aveuglement à penser qu'il suffit de « traverser la rue » pour trouver de quoi travailler. Mais ce « Macron démission » désigne tout un système, celui qui laisse tant de gens dans un désarroi économique, social et territorial.

Dès lors, la révolte n'est pas seulement une puissance du refus. Des cahiers de revendications, parfois nommés « cahiers de doléances », sont un peu partout rédigés. Ils demandent une augmentation du Smic, des *minima* sociaux et des retraites – et non des miettes aussi aléatoires que dérisoires, comme cette supposée prime de fin d'année. Ils revendiquent une embauche massive dans les services publics – écoles, postes, hôpitaux, transports –, un vaste plan de constructions de logements, des sanctions pour les maires et les préfets qui laisseraient des gens dormir dans la rue. Ils évoquent les sommes gigantesques englouties par l'évasion fiscale et les « cadeaux » aux détenteurs de capitaux. Ils invalident la structure actuelle de la fiscalité, en exigeant l'annulation des hausses de taxes et le rétablissement de l'ISF, mais aussi la mise en cause d'impôts indirects socialement injustes. Ils interrogent bien des aberrations meurtrières pour l'environnement, de l'invasion plastique par gadgets inutiles à l'obsolescence programmée. Il y a là, c'est certain, un projet de société. « Jaune et vert : même colère » : les manifestations en défense de l'environnement jettent une passerelle avec le mouvement, au nom des ressources à préserver et partager. Des pancartes y montrent la Terre ; elle n'est plus « bleue comme une orange », selon les mots de Paul Éluard : elle porte un gilet jaune et fait face à l'histoire. Et l'on entend scander ici et là : « Fin du monde, fin du mois, c'est pour nous le même combat. »

La révolte pose des questions cruciales à la démocratie. L'appel des gilets jaunes à Saint-Nazaire propose de tenir des assemblées populaires dans les lieux mêmes de la décision politique, préfectures et sous-préfectures. Le texte de « gilets jaunes gascons » se remémore la Révolution française, la Commune de Paris, les conseils russes de 1905, la révolution espagnole de 1936, l'insurrection hongroise de 1956, le Chiapas et le Rojava. À Commercy, les gilets jaunes conviennent à des comités populaires. On parle de démocratie directe, fondée sur des assemblées de quartiers. Ces exigences ne sont pas neuves même si elles ont été longtemps oubliées. En 1848, les ouvriers qui s'étaient battus pour instaurer la République rêvaient de « la Belle », « la Sociale », une démocratie où tout un chacun pourrait décider, en conscience et au plus près des lieux où l'on vit. Même confusément, quelque chose de ces aspirations se dessine aujourd'hui.

L'événement a sa part d'inventivité. Comme au printemps 1968, des dessins, des slogans et des affiches ont fleuri ; mais leur influence, grâce aux réseaux sociaux, se démultiplie. Ici, les deux chefs de l'exécutif sont campés en personnages de *Bonne nuit les petits* avec leur prime d'activité : Emmanuel Macron joue du pipeau et Édouard Philippe lance sa poudre magique pour endormir les Français dans la nuit étoilée. Là, Gilles Le Gendre, président du groupe La République en marche à l'Assemblée, convaincu que l'erreur des « marcheurs » a été d'être « trop intelligents et trop subtils », est caricaturé dans un passage télévisé : « Moi dire : toi, 100 euros dans poche. Toi pas comprendre ? Ah ! Moi répéter : Macron donner sou-sous à toi pour po-poches à toi. » Des CRS à l'équipement inquiétant frappent à la porte d'un habitant : « Bonjour, c'est pour les calendriers ! » Sur un autre dessin, les forces de l'ordre matraquent des gilets jaunes à tour de bras mais n'oublient pas le principal : « Halte aux cadences infernales ».

La référence à l'histoire peut se faire dans l'humour ou dans la gravité. Des montages photographiques rapprochent les jeunes de Mantes-la-Jolie, agenouillés contre un mur, aux Algériens réprimés le 17 octobre 1961, plaqués au sol et matraqués. Devant le commissariat de Saint-Malo, le 5 janvier, une centaine de manifestant-es lancent, à propos d'un gilet jaune interpelé : « Libérez notre camarade. » L'allusion historique est plus joyeuse dans une pancarte brandie à l'occasion d'une manifestation : « BFMTV ne pas avaler », avec le graphisme des Ateliers populaires de Mai-68, *via* une bouteille empoisonnée. La critique médiatique rappelle le temps où l'ORTF était fustigée : on la retrouve dans un *Débranche ta télé et enfile ton gilet.* Rejeter les formules qui décrient et cadenassent est un refus commun aux révoltes des deux époques : il s'agit de retourner le stigmate, pour le fragiliser. En 1968, le ministre de l'Intérieur Christian Fouchet parle de « pègre » à propos des jeunes révolutionnaires. Ceux-ci, qui savent aussi rire rouge, ripostent en présentant leur journal *Le Pavé* comme « le *France Dimanche* de la pègre ». En 2018, la figure du casseur cagoulé devient une hydre médiatique. Le 1er décembre, sur les Champs-Élysées, une banderole surgit où on ne l'attendait pas : « Les vrais casseurs sont chefs d'État. »

Il ne faut pas cependant balayer d'un revers de main les tensions et les contradictions : quand d'aucuns expriment des relents de racisme, de sexisme et d'homophobie, d'autres les condamnent et les combattent de manière implacable. Des actes inadmissibles ont été commis, comme livrer des migrants à la police ; des propos injustifiables ont été proférés, des insultes antisémites en particulier. C'est un enjeu essentiel du moment et du mouvement : pour qu'il soit et demeure émancipateur, il lui faut toute la vigilance face aux activistes d'extrême droite dont quelques-uns sont clairement fascisants. Dans un cortège lyonnais, le 22 décembre, ceux-ci ont été expulsés par un groupe de jeunes « antifas ».

Quelle est alors la réaction du pouvoir ? En 1968, d'abord il ne voit rien venir, puis il néglige les premiers événements, puis il panique, cherche à diviser et à négocier tout en n'oubliant à aucun moment de réprimer. C'est à cette même cadence que l'exécutif réagit aujourd'hui. Il semble d'abord indifférent ; ensuite, il paraît pris d'affolement : on le voit dans ses hésitations et ses moratoires qui deviennent des annulations pures et simples, ses annonces confirmées puis infirmées.

Or quand un événement surgit, il n'y a rien de plus catastrophique, pour le pouvoir, que l'attentisme. L'événement, au contraire, accélère. Il fédère. Il voit s'accroître les prises de conscience, la détermination, l'extension des exigences et des revendications. Beaucoup alors se disent que la taxe sur les carburants est loin d'être le seul de leurs problèmes : la retirer ne sera jamais suffisant. Finalement, le président de la République prend la parole. Mais presque aussitôt, ses annonces sont analysées, décryptées, décortiquées. Très vite, on s'aperçoit que la hausse du Smic, principale mesure avancée, n'en est pas une : ce sera une augmentation de la prime d'activité, déjà prévue mais précipitée, et tou-tes ne la toucheront pas, de surcroît. Le Président y insiste, les employeurs ne débourseront pas un centime : les fortunés sont épargnés, l'ordre social est préservé. Mais, en 1968 comme après, beaucoup refusent les primes parce qu'elles représentent une mise en concurrence entre salarié-es, une individualisation, une compétition généralisée.

Face à cette révolte s'opère un changement de paradigme policier. Le 8 décembre, 1 300 interpellations et plus de 900 gardes à vue ont pu être dénombrées : c'est inédit. En 1968, lors des « nuits des barricades », il n'y avait pas eu plus de 300 arrestations et jamais de manière préventive, ce qui pose cette fois un considérable problème démocratique. La répression atteint un niveau historique. Elle s'abat aussi sur des lycéennes et lycéens. Comme le diront des protagonistes d'anciens mouvements, de la loi Saunier-Seïté (1976) à la loi Devaquet (1986), du CIP (1994) au CPE (2006), jamais personne n'avait fait de garde à vue pour un tag sur un lycée.

Les images très choquantes des lycéens de Mantes-la-Jolie, à genoux et mains sur la tête, ont sans doute représenté un tournant de l'événement. En 1968 aussi, les photographies de jeunes manifestants matraqués au sol, aux premiers jours de mai, avaient nourri l'indignation devant la violence déployée. Un poème écrit par un jeune homme anonyme, le 30 mai, décrivait « les bien-matraquants et les bien-mitraillants de l'Ordre sacré ». Si la répression est impitoyable, c'est que les gouvernants savent, depuis 1968, que lorsque la jeunesse est dans la rue, le pouvoir est en danger. Les conseillers de De Gaulle reconnaissaient qu'un gouvernement peut maîtriser une grève de salariés ou le blocage d'une université, rarement leur ralliement.

Cet enjeu de la violence suscite évidemment des flots de commentaires, par tribunes interposées. Dans une chronique publiée le 13 décembre par *Libération,* la psychanalyste Sabine Prokhoris s'interrogeait : « Devant l'image de Marianne visage fracassé dans l'Arc de Triomphe, on se prend à douter du sens des mots : insurrection "citoyenne" ? Vraiment ? Ou haine – de la République ? » Outre une erreur, il y a bien quelque chose de déplacé dans cette affirmation. Erreur à voir dans la statue abîmée – une copie de plâtre, faut-il le rappeler ? – l'allégorie de Marianne : non, c'est la figure guerrière du *Départ des volontaires.* Mais ce n'est évidemment pas l'essentiel, si ce n'est la méprise historique et politique qu'elle exprime.

Comment convertir, en effet, l'Arc de Triomphe en symbole de la République ? Comment propager pareille supercherie, contresens de l'histoire et qui la falsifie ? Aberration monumentale, si l'on peut dire : c'est un édifice tout à la gloire de « victoires » et d'un empereur dont les conquêtes militaires ont répandu partout en Europe les ravages que l'on sait. Amorcée sous l'Empire, sa construction a été achevée sur ordre de Louis-Philippe, celui-là même qui fit écraser dans le sang des manifestations républicaines et ouvrières. C'est un monument en l'honneur de la guerre. Mais surtout, dans ces jugements où une statue de plâtre est érigée en victime expiatoire, un oubli immense claque comme une offense.

Car ces détracteurs ne semblent pas avoir vu les visages mutilés, éborgnés, défigurés dans la répression policière qui s'est abattue sur les manifestant-es et tout particulièrement de très jeunes gens. On peut pourtant en trouver les photographies facilement. Il faut les regarder, même si elles sont insoutenables : Lola, Antonin, Guy, Maxime, Fiorina, Issam et Doriana ont eu la mâchoire fracturée ; Alexandre, Antoine, Ramy, Jean-Philippe, Patrick, Jérôme et Cédric ont perdu un œil ; Gabriel, Ayhan et Frédéric ont eu la main arrachée ; Oumar, le front ouvert. Zineb Redouane est morte d'avoir essuyé une grenade lacrymogène lancée sur elle à tir tendu. Dans cette mort, dans ces vrais « visages fracassés » se trouve une tout autre violence, qui devrait révolter. Et c'est là une violence d'État.

Un nouveau rapport de force s'instaure : à ce sujet, les gilets jaunes sont divisés. Certain-es pensent que la violence et les « casseurs » sont un repoussoir. D'autres estiment qu'il faut en passer par là, comme pour toute révolte dans l'histoire. La preuve à leurs yeux : le pouvoir a commencé à reculer suite aux heurts des Champs-Élysées. Auprès de la violence assumée des black blocs, il y a une part de violence spontanée. En 1968 aussi, beaucoup de gens descendaient dans la rue sans jamais avoir eu la volonté d'en découdre… et finalement ramassaient des pavés pour les lancer. La geste vient aussi de la pression offensive exercée par les forces de l'ordre. On apprend sur le tas, y compris la violence : y faire face, en user, riposter. C'est ce qui façonne un événement : ses protagonistes agissent sans même l'avoir imaginé deux semaines, deux jours voire deux heures avant.

Reste qu'en cette fin d'année, seuls des ronds-points et des péages sont bloqués. Ce n'est pas le cas des lieux de travail, à quelques exceptions près : raffineries et dépôts pétroliers. On a vu aussi des débrayages de dockers et agents des ports de commerce, à Lorient notamment. Des jonctions ponctuelles entre « gilets jaunes » et « gilets rouges » de syndiqués ont lieu ; mais elles sont isolées. C'est une différence évidemment fondamentale avec 1968, qui fut une grève générale. Cependant, ici et là, la question est soulevée. La Coordination des intermittents et précaires d'Ile-de-France, réunie au Théâtre de La Colline le 10 décembre, a annoncé qu'elle intégrait le mouvement des gilets jaunes pour « davantage de justice sociale et fiscale » : « Nous appelons à ce que ces mobilisations et blocages se poursuivent dans la grève générale, sans laquelle nous ne gagnerons pas. » Et, après quatre-vingt-sept jours d'une grève finalement victorieuse à l'hôtel Park-Hyatt-Paris-Vendôme, des femmes de chambre ont exprimé leur joie : Jessica a évoqué la « reconnaissance pour ces petites mains toujours derrière, cachées » ; et Nora s'est exprimée à propos des gilets jaunes : « Je leur dis de continuer la lutte mais aussi dans les entreprises, parce que c'est là que se trouve l'argent ».

Ce soulèvement est une résistance. Résister ? Peut-être d'abord aux évidences supposées. Parmi elles, les préceptes selon lesquels il faudrait s'adapter au monde tel qu'il est, être plus flexible, plus précaire, corvéable et finalement jetable. Des experts et des médias parlent du travail d'après son « coût », assimilent la protection sociale à des « charges », font passer des régressions pour des « réformes », opposent qui a un travail et qui n'en a pas, qui est né ici et qui ne l'est pas. Résister à ces grands mots qui cachent mal leur violence sociale sous le cache-sexe de leur « sagesse », c'est rappeler sans cesse que tout cela ne va pas de soi. C'est assumer d'évoquer des classes sociales, qu'on a prétendues disparues. C'est exposer d'autres formes de violences que celles des vitrines brisées : la violence du mépris social et des abîmes qui séparent des possédants ; la violence du chantage à l'emploi qui conduit à tout accepter, fait voler en éclats les solidarités et jusqu'à la dignité parfois ; la violence de la souffrance, au travail, au chômage, la mise en concurrence et le management par l'obéissance.

La révolte révèle. Elle rend visible les invisibles, qu'on n'entend pas dans les médias. Cette fois, il s'agit de les écouter. À Nîmes, le 22 décembre, des « gilets jaunes » portent une banderole où le passé est un présent vivant ; on y voit figurer la Déclaration des droits de l'homme et du citoyen, spécialement son article 35, dans la version de 1793 : « Quand le gouvernement viole le droit du peuple, l'insurrection est pour le peuple et pour chaque portion du peuple le plus sacré des droits et le plus indispensable des devoirs. » L'événement est souvent un recours à l'histoire. Celui-ci n'y échappe pas. Le passé est passé, bien sûr, le présent ne saurait y être enserré. Mais il sert : il offre, en particulier, d'affirmer une légitimité. « On a raison de se révolter. »

En 1968, le philosophe Michel de Certeau avait écrit : « En mai dernier, on a pris la parole comme en 1789 on avait pris la Bastille. » Le rapprochement, d'ailleurs, avait avant lui été fait dans le théâtre de l'Odéon occupé, où un participant anonyme avait lancé : « Les révolutionnaires de 89 ont pris la Bastille. Nous avons pris la *Parole* ! Retournez le chiffre de 89 et vous obtenez 68 ! » Cinquante ans après, une parole populaire, de nouveau, se libère. Et voilà ce qu'elle fait entendre : il y a encore des bastilles à prendre.

Ludivine Bantigny est historienne, maîtresse de conférences à l'université de Rouen. Elle travaille sur l'histoire des mouvements sociaux et des engagements politiques. Parmi ses publications figurent *1968. De grands soirs en petits matins* (Seuil, 2018), *La France à l'heure du monde. De 1981 à nos jours* (Seuil, 2013, rééd. 2019), *Révolution* (Anamosa, 2019) et *L'Œuvre du temps. Mémoire, histoire, engagement* (Éditions de la Sorbonne, 2019).

« On est en train de faire l'Histoire »

Michelle Zancarini-Fournel

Pour ausculter en historienne le mouvement social des gilets jaunes, dont certains ont conscience de vivre un moment historique[1], il faut interroger les temporalités entre présent, passé et futur telles qu'elles sont déclinées à la fois par les protagonistes et sur la scène publique et médiatique, les deux régimes de discours n'étant pas imperméables. Ce « champ d'expérience » – incarné dans le présent par certaines pratiques exprimant d'autres possibles – peut ouvrir à un « horizon d'attente[2] ». J'évoquerai donc avec prudence le cas complexe, car situé dans l'immédiateté, du mouvement des gilets jaunes en France (des bourgeons éclatant çà et là en Europe, en Afrique et au Moyen-Orient), les sources pour l'analyse étant essentiellement médiatiques (presse, radio, télévision et réseaux sociaux).

1. Ce texte, en date du 21 décembre 2018, est une version modifiée de la tribune publiée sur le site du *Monde* le 11 décembre 2018, « L'avenir incertain », et du texte « *Movimento dei "gilets jaunes". Il campo delle possibilità* » sur le site de la revue italienne *Zapruder*, le 13 décembre. La citation complète des paroles d'un manifestant venant de Dourdan est « Ce qu'ils [les CRS] ne comprennent pas, c'est qu'on est en train de faire l'Histoire », Mediapart, 8 décembre 2018.

2. Reinhart Koselleck, *Le Futur passé. Contribution à la sémantique des temps historiques*, Paris, Éditions de l'EHESS, 1990.

Au départ, le 17 novembre 2018, la protestation s'exprime publiquement contre la hausse des carburants, des taxes et du coût de la vie. Les habitants des départements d'outre-mer avaient déjà avancé, dix ans auparavant, les mêmes revendications matérielles dans un mouvement de masse contre « la profitation » – en créole « *Liyannaj kont pwofitasyon* » – (successivement huit jours de grève à la Réunion, quinze jours en Guyane, quarante-quatre jours en Guadeloupe et trente-huit en Martinique). La grève générale du 20 janvier au 4 mars 2009 en Guadeloupe a sans doute été préparée par une intense remémoration de la révolte du printemps 1967 et du massacre d'État des 26-27 mai 1967 à Pointe-à-Pitre. À la confluence des différentes expériences du passé, ce mouvement contre la profitation est atypique dans ces sociétés postesclavagistes : il éclate non à partir d'un conflit traditionnel dans le secteur productif de la canne à sucre, ni à partir d'un incident racialisé (comme en décembre 1959 à Fort-de-France ou en mars 1967 à Basse-Terre), mais d'une révolte de consommateurs contre la vie chère, et débouche sur la volonté d'abolir l'assistanat et de changer le modèle de société. Le mouvement a été soutenu par neuf écrivains antillais à l'initiative d'Édouard Glissant et de Patrick Chamoiseau – dans un texte poético-politique qui propose un autre modèle de société, le « Manifeste pour les "produits" de haute nécessité[1] ».

D'origine martiniquaise, Priscillia Ludosky, trente-trois ans, habitant en Seine-et-Marne, autoentrepreneuse et gérante d'une boutique en ligne de cosmétiques bios, est la première à avoir demandé la « baisse des prix des carburants à la pompe » dans

1. Manifeste du 14 février 2009 signé par Ernest Breleur, Patrick Chamoiseau, Serge Domi, Gérard Delver, Édouard Glissant, Guillaume Pigeard de Gurbert, Olivier Portecop, Olivier Pulvar Jean-Claude William.

une pétition sur Internet qui a recueilli plus d'un million de signatures. Peut-être avait-elle, outre l'anticipation du préjudice financier pour son activité professionnelle, le souvenir des mouvements sociaux qui s'étaient déroulés en 2008-2009 dans les départements d'outre-mer. Dans la déclaration lue le 13 décembre 2018 devant le lieu symbolique de la Révolution française qu'est la salle du Jeu de paume à Versailles, elle a fait référence aux « produits de première nécessité (énergie, logement, transports, produits alimentaires, vêtements) ».

Pour tenter de cerner ce que certains qualifient un peu rapidement d'« insurrection », de « soulèvement » ou même de « révolution », il faut essayer d'analyser les bribes d'entretiens enregistrés par les journalistes permettant de cartographier les points communs chez les participants de ce mouvement social de grande ampleur et les premières enquêtes lancées par les sociologues et les politistes[1]. Le support matériel et symbolique qui permet la distinction et le rassemblement des manifestants est un objet ordinaire, le gilet jaune, que doit posséder tout automobiliste dans sa voiture. C'est l'usage même de cet objet, destiné à se rendre visible en cas de détresse, panne ou accident, qui opère et moins le symbolisme de la couleur jaune, de mauvaise réputation car attribuée aux « vieilles filles » qui « coiffaient Sainte-Catherine » après vingt-cinq ans ou, pour les plus avertis, aux syndicats constitués par les patrons à la fin du XIXe siècle pour contrer les syndicats gréviculteurs.

Les gilets jaunes se sont regroupés dans un espace spécifique devenu très rapidement un lieu politique où s'expérimentent de nouvelles formes de démocratie : les barrages aux ronds-points à l'entrée des villes ou aux péages d'autoroute impliquent une prise de pouvoir temporaire sur la mobilité et la fluidité

1. « Une enquête pionnière sur la révolte des revenus modestes », *art. cit.*

caractéristiques des systèmes économiques contemporains et se transforment en espaces d'expression des émotions et des affects, de délibération et de prises de parole. Les ronds-points ont été aménagés avec des cabanes comparables à celles des ZAD. Comme dans les révolutions arabes de 2011, les réseaux sociaux jouent un rôle essentiel laissant syndicats, partis et représentants politiques à l'écart, et diffusant des informations, vraies… ou fausses. Le mouvement actuel s'est développé sur l'ensemble du territoire – y compris en région parisienne –, en particulier dans les villes moyennes, les zones désindustrialisées et les zones rurales qui perdent services publics et habitants.

Le parcours de Priscillia Ludovsky témoigne de la diversité du pays au XXIe siècle, mais aussi de celle des protagonistes dans ce mouvement social de grande ampleur territoriale, très éclaté et disparate, sans porte-parole ni leader jusqu'à ce jour, même si certaines figures sont fugitivement individualisées à la télévision. Il s'agit d'un mouvement d'interconnaissance avec une cohésion intergénérationnelle, de l'artisan à la jeune chômeuse en passant par les salarié.e.s de l'hôpital et par des retraité.e.s, essentiellement des membres de milieux populaires. Les photographies des barrages et des manifestations montrent une présence importante des femmes, une constante dans l'histoire des mouvements populaires, en général occultée.

Dès les premières révoltes frumentaires de l'Ancien Régime et plus encore pendant la Révolution française, ce sont très souvent les femmes qui ont déclenché les épisodes rébellionnaires. En outre, elles s'occupent en priorité des problèmes du quotidien. Au XIXe siècle, la ménagère est considérée comme « le ministre des Finances de la famille » ; en charge du foyer, c'est elle qui est responsable des approvisionnements et comptable des dépenses pour « faire bouillir la marmite » avec des revenus aléatoires. Les manifestations de femmes sont souvent passées sous silence.

Ainsi le récit de la grève des fonctionnaires (SNCF, postes, etc.) de novembre-décembre 1995 fait le plus souvent l'impasse sur la grande manifestation du 25 novembre 1995, au tout début du mouvement, où 30 000 femmes ont défendu, dans la rue, le droit à l'avortement. De façon identique, les marches contre les violences sexistes et sexuelles, qui ont réuni 60 000 manifestant.e.s en France le 24 novembre dernier, ont été comme effacées, couvertes par le récit de l'« acte II » des gilets jaunes. Pourtant en 2018, le contexte est tout à fait particulier, avec un important mouvement mondial d'expression publique des femmes, aux États-Unis avec la suite de *#MeToo*, en Argentine pour le droit à l'avortement, au Chili ou en Espagne contre les violences sexuelles et sexistes, en France également avec *#balancetonporc*.

Il faut aussi se souvenir, comme l'a rappelé Fanny Gallot dans une tribune du *Monde* du 11 décembre 2018, qu'il y a eu, ces dernières années, toute une série de grèves dans le monde du travail impliquant de nombreuses femmes. Les infirmières ou les salariées du nettoyage ont mené des luttes extrêmement fortes et déterminées et, pour un certain nombre, victorieuses. Cela a été le cas dans les grands hôtels, notamment des femmes de chambre, non impliquées au départ dans des organisations syndicales (même si elles peuvent se syndiquer par la suite).

Nombreuses, les femmes en gilets jaunes, souvent célibataires ou divorcées, des mères de famille aussi, expliquent comment, pour être là, elles se débrouillent pour faire garder leurs enfants[1]. Avec l'augmentation du nombre de divorces, il y a de plus en plus de ménages monoparentaux – c'est-à-dire, dans l'immense majorité des cas, des femmes qui se retrouvent à

1. Entretien avec le sociologue de l'INRA Benoît Coquard sur le site de la revue *Contretemps*, 23 novembre 2018.

élever leurs enfants avec un seul salaire. Enfin, l'instauration du travail à temps partiel contraint, il y a près de quarante ans, a concerné majoritairement des femmes, qui arrivent aujourd'hui à la retraite avec de toutes petites pensions. Tout cela constitue une conjonction qui explique la forte présence de femmes avec des gilets jaunes sur les ronds-points.

Nées au début du XXIe siècle, les nouvelles formes de protestation politique et de démocratie collective ne datent cependant pas du mouvement des gilets jaunes. Pendant l'occupation des places, en France ou ailleurs[1], en particulier lors de Nuit debout au printemps 2016, l'horizontalité, le refus des chefs ou leaders, tranchait avec les formes organisationnelles du XXe siècle dans les partis et les syndicats[2]. Outre passer de la topographie de la place à celle du rond-point, la particularité du mouvement en 2018 est de rendre effective la « fraternité » avec le plaisir d'être ensemble, de discuter, d'échanger, y compris si l'on n'est pas d'accord. Tous, celles et ceux, journalistes, photographes, sociologues ou simples observateurs, après s'être rendus sur place, notent cependant des situations très spécifiques, différentes pour chaque rond-point.

Depuis le début du mouvement, les revendications et les mots d'ordre se sont modifiés de manière plus incisive en mettant en cause la personne et la fonction du président de la République – contre « le roi Macron » – et en affirmant une volonté de souveraineté populaire et de réforme institutionnelle : « Ici débute la première démocratie », proclamait fièrement une banderole lors de la manifestation parisienne du 8 décembre. Sur

1. Yves Cohen, « Les foules raisonnables. Notes sur les mouvements sans parti ni leader des années 2010 et leur rapport avec le XXe siècle », *Politika*, 12 décembre 2018.

2. *Les Temps Modernes,* n° 691, novembre-décembre, « Nuit Debout et notre monde », 2016.

ces gilets sont inscrits, tels des graffitis[1], avec parfois une belle invention langagière, des slogans contre les taxes, la disparition des services publics, le prix de l'essence, le président de la République, mais aussi un retour à l'histoire, comme celui proclamant sobrement : « 1789, 1968, 2018, le peuple. »

La mobilisation des gilets jaunes a pu être comparée aux jacqueries de l'Ancien Régime avec leurs révoltes contre le fisc et à la Révolution française, pour les violences populaires, l'usage du drapeau tricolore et de *La Marseillaise*. Elle a été comparée aussi au poujadisme de 1953-1956 des petits commerçants et des artisans opposés au contrôle fiscal mis en place par l'administration.

Si l'on retrouve le même sentiment d'injustice fiscale et le même discours contre les aristocrates ou les élites, ce ne sont toutefois pas exactement les mêmes catégories sociales qui sont concernées[2]. Les gilets jaunes ne peuvent être non plus assimilés aux revendications des professionnels de la route des années 1990, ni aux bonnets rouges (rassemblant petits patrons agriculteurs de la FNSEA, et régionalistes bretons) qui avaient contribué à l'échec de l'écotaxe en 2016 : les formes de violence populaire et les répertoires d'action similaires ne peuvent rendre équivalents les mots d'ordre et les protagonistes impliqués dans des contextes très différents.

Il en est de même pour la comparaison avec 1968 (barricades, manifestations violentes à Paris, tentative d'incendie de la Bourse le 24 mai 1968 et le 1er décembre 2018). Si rapprochement il peut y avoir avec 1968, c'est celui d'une prise de

1. André Loez, « Mots et cultures de l'indiscipline. Les graffitis des mutins de 1917 », *Genèses*, nº 59, 2005, p. 25-46.

2. Alexis Spire, *Résistances à l'impôt, attachement à l'État. Enquête sur les contribuables français*, Paris, Seuil, 2018.

parole généralisée[1] et aussi d'une « crise d'hégémonie », aurait dit Antonio Gramsci, ou d'une « crise du consentement », comme l'écrit le politiste Boris Gobille, à l'égard des différentes formes de domination et d'inégalités.

Les révolutions du XIXe et du XXe siècle sont rarement évoquées (à l'exception de la reproduction de *La Liberté guidant le peuple* de Delacroix accrochée à un tracteur), mais la Révolution française est très présente dans les mots d'ordre, les pancartes, les banderoles et le choix des lieux symboliques, à Versailles par exemple. Des listes de revendications ont commencé à être rédigées sur les ronds-points dont certaines proposent des mesures utopiques très concrètes ; des maires de communes rurales ont alors enclenché un recueil de ces revendications dans des « cahiers de doléances » rédigés en mairie. Le gouvernement s'en est inspiré pour proposer une concertation nationale qui serait fondée sur ces écrits tout en les encadrant, la synthèse ayant été déléguée à la Commission nationale du débat public.

À la Réunion, le mouvement des gilets jaunes a pris une tournure beaucoup plus violente parce que la situation de la population est plus difficile du point de vue du chômage et de la précarité sociale. À la nuit tombée, des épisodes de rébellions urbaines de la jeunesse marginalisée agitent l'île. Mais, au-delà de ces violences, la faillite économique et sociale est patente et les failles s'accroissent au sein de la population entre les Réunionnais et les métropolitains, entre les Réunionnais et les Comoriens ou les Malgaches et entre les Noirs et les Blancs. Les auteurs des violences urbaines nocturnes que l'on appelle « les cagoules noires », sont assimilés aux *kafs* en créole réunionnais, à la population noire (les cafres descendants des esclaves

1. Michel de Certeau, *La Prise de parole et autres écrits politiques*, Paris, Seuil, 1994.

importés d'Afrique orientale aux XVIIIe et XIXe siècles). La hiérarchie de couleurs sévit encore et le couvre-feu a été décrété. La ministre des Outre-mer a dû arriver en catastrophe pour entamer des discussions. Mais, au fil des jours, le cas de la Réunion a été progressivement oublié.

Ailleurs en métropole, le mouvement des gilets jaunes a semblé un temps faire tache d'huile chez les agriculteurs, les ambulanciers ou encore les lycéen.ne.s, chaque groupe avançant ses propres revendications. Depuis le lundi 3 décembre, des centaines de lycées ont été bloqués, partiellement ou totalement, par un mouvement de soutien aux gilets jaunes, mais surtout de protestation contre les réformes dans l'éducation, en particulier contre la nouvelle procédure décidant des affectations dans les universités (appelée « Parcoursup ») qui trient les lycéen.ne.s de manière inégalitaire en défavorisant les élèves de banlieues et des lycées techniques et professionnels. D'où la géographie des blocages des établissements, avec des lycées de centre-ville restant calmes dans un premier temps.

Mais deux événements ont contribué à attiser la révolte lycéenne : au lycée de Mantes-la-Jolie, jeudi 6 décembre, des policiers ont humilié 150 élèves en les obligeant à se mettre à genoux face à un mur les mains derrière la tête, une posture propre aux répressions coloniales. Le lendemain le geste était imité par des lycéens place de la République et, le 8 décembre, de nombreux gilets jaunes ont repris la posture lors de la manifestation parisienne et dans des cortèges en province.

Le lien est ainsi tissé entre deux mouvements en apparence dissemblables, mais avec un point commun : la forte demande d'égalité et de respect. Par ailleurs, le fait que le président de la République n'ait pas évoqué, dans son allocution du 10 décembre, les revendications lycéennes, traduit ce qui est considéré par les jeunes comme un mépris dans un but d'infantilisation. Le 11 décembre, avec la reprise en main de la mobilisation par les organisations habituelles se déroulent les formes routinières des grèves lycéennes : poubelles en feu, blocage des établissements, cris de « Macron, démission ! » ; des voitures brûlées et des policiers pris à partie à proximité de plusieurs lycées les apparentent aux épisodes de rébellions urbaines.

Après la quatrième journée de mobilisation à Paris le samedi 8 décembre, le bilan est contrasté : à Paris, dans les quartiers de la bourgeoisie et du pouvoir autour des Champs-Élysées, les violences caractéristiques du samedi 1er décembre ont diminué et les manifestants ont été contenus par de nombreux contrôles en amont et 2 000 interpellations préventives (considérées comme illégales par la Ligue des droits de l'homme en dehors d'un « état d'urgence » officiellement déclaré, mais en fait légales après une modification du droit lors de la présidence Sarkozy, selon le sociologue spécialiste de la police Fabien Jobard[1]) au prix d'une mobilisation impressionnante des forces de police et d'un nombre certain de gardes à vue suivies de comparutions immédiates devant la justice. Certaines villes ont été davantage protégées (Lyon et sa Fête des Lumières par exemple) que d'autres (Saint-Étienne, dont plusieurs commerces ont été pillés). Les marches sur le climat se sont déroulées pour l'essentiel dans le calme avec des rapprochements entre « gilets verts » et gilets jaunes, mais des affrontements ont eu lieu, outre à Paris, dans de nombreuses villes (Bordeaux, Marseille, Toulouse, Lyon, Saint-Étienne, Nantes, Pau, etc.) témoignant de l'importance de la révolte et de la crise sociale et politique.

1. Fabien Jobard, « Face aux gilets jaunes, l'action répressive est d'une ampleur considérable », entretien avec Marc-Olivier Bherer, *Le Monde*, 21 décembre 2018.

Un mouvement profond sur le juste et l'injuste, le légitime opposé au légal, le droit à la dignité et au respect, la revendication d'égalité, traverse la société française et s'ancre, tout en s'en distinguant, dans l'histoire des révoltes populaires depuis plusieurs siècles. Au total, la répression a été de grande ampleur et les dommages corporels importants (mains arrachées, défigurations et énucléations), du fait d'un armement considéré comme dangereux – grenades dites « de désencerclement » et lanceurs de balles de défense. Dix personnes sont décédées, de manière accidentelle, dans le cours du mouvement dont une vieille dame atteinte par une grenade dans son appartement à Marseille.

Ce soulèvement collectif sans chef, sans leader, sans représentant, avec quelques porte-parole autodéclarés, a ainsi bousculé les règles habituelles du débat dans un cadre politique traditionnel. Il a ébranlé la présidence de la République et les partis politiques. À l'heure où les ronds-points sont progressivement évacués pour tenter de rendre leurs occupants à nouveau invisibles et silencieux, et parfois réoccupés dans la foulée, les protagonistes disent massivement que ce mouvement a changé leur vie, leur offrant le bonheur d'être ensemble et de résister. Le contexte européen marqué par des composantes populistes autoritaires rend l'avenir incertain, même si le champ des possibles reste ouvert.

Professeure d'histoire contemporaine, Michelle Zancarini-Fournel est spécialiste d'histoire sociale du temps présent. Elle a collaboré à de multiples ouvrages sur les « années 68 », et a publié *Le Moment 68. Une histoire contestée* (Seuil, 2008) et *Les Luttes et les Rêves. Une histoire populaire de la France de 1685 à nos jours* (Zones, 2016).

Opération autoroute gratuite au péage de La Gravelle, près de Laval, entrée Bretagne, le 24 novembre 2018. © Thierry Pasquet/Signatures

Après avoir tenu les ronds-points d'entrée de ville,
700 gilets jaunes ont décidé de traverser le centre-ville
pour rejoindre la préfecture. Besançon, le 8 décembre 2018.

Trois mariannes, assises sur les marches de l'Opéra de Paris, le 15 décembre 2018. © Serge d'Ignazio

Lors de l'acte IV, le 8 décembre 2018 à Paris, sur le boulevard des Italiens, quelques manifestants refont le geste imposé aux lycéens de Mantes-la-Jolie la veille, devant un canon à eau qui entrera en action quelques minutes plus tard. © Joseph Confavreux

La manifestation des gilets jaunes à Marseille, le samedi 8 décembre 2018, a dégénéré en émeutes et en affrontements entre les forces de l'ordre et les manifestants. Des tirs de flash-balls et de grenades lacrymogènes et des véhicules blindés ont été utilisés par les forces de l'ordre. Des casseurs, black blocs, extrémistes de gauche et de droite se sont mêlés à la manifestation. © Lilian Auffret/Hans Lucas

Les gilets jaunes sommes verts de rage

Pamela m'a radicalisé

Travail-famine-pâtes-riz

Plus de banquise, moins de banquiers

On aimerait voir la vie en rose

Enfin les ronds-points
servent à quelque chose

Stop à la finance,
libérons la France

C'est la goutte noire qui fait déborder
le réservoir

Marre d'être tondus

Parce que c'est notre rejet

Slogans collectés, du 17 novembre au 26 décembre 2018, sur les murs, pancartes et banderoles

Manu, c'est à partir de quand
que ça ruisselle ?

Macron, RDV à Varennes

Soyez écoresponsables, bouffons du riche

1789, 1968, 2018

Vive le vent, vive le vent,
vive le vandalisme

On veut des thunes en attendant
le communisme

On ne rentre pas dans un monde meilleur
sans effraction

Je ne manifeste pas, je m'insurge

Un peu plus de monde déteste la police

Y'a pas de peuple, y a que
des classes. Nik les bourges

« Eh bien, donnez-leur du biocarburant ! »

BRIGITTE MACRON

II

Les raisons de la colère

La couleur de la justice fiscale

Thomas Piketty

La crise des gilets jaunes pose à la France et à l'Europe une question centrale : celle de la justice fiscale[1]. Depuis son élection, Emmanuel Macron a passé son temps à expliquer au pays qu'il fallait chérir les « premiers de cordée », et que la première des priorités était d'accorder des baisses d'impôts aux plus hauts patrimoines, à commencer par la suppression de l'ISF. Tout cela a été mené tambour battant, avec un sentiment de toute-puissance et une totale bonne conscience. Même Nicolas Sarkozy avait été plus prudent en 2007 avec son bouclier fiscal, qu'il a néanmoins dû annuler en 2012. Inévitablement, tous ceux qui ne se voient pas comme des « premiers de cordée » se sont sentis abandonnés et humiliés par le discours macronien, et voici comment nous nous retrouvons dans la situation actuelle. Le pouvoir en place a commis une série d'erreurs factuelles, historiques et politiques, qu'il est urgent et possible de corriger aujourd'hui.

1. Texte initialement paru dans *Le Monde* du 11 décembre 2018, et disponible à l'adresse :
http://piketty.blog.lemonde.fr/2018/12/11/gilets-jaunes-et-justice-fiscale/

Il a tout d'abord cherché à justifier la suppression de l'ISF par l'idée que cet impôt suscitait une hémorragie des patrimoines hors de France. Le problème est que cette affirmation est totalement fausse d'un point de vue factuel[1]. On observe depuis 1990 une hausse spectaculaire et continue du nombre et des montants des patrimoines déclarés à l'ISF[2].

Cette évolution a eu lieu dans toutes les tranches de l'ISF, en particulier dans les plus élevées, où le nombre et le montant des patrimoines financiers ont progressé encore plus vite que les patrimoines immobiliers, qui ont eux-mêmes progressé beaucoup plus rapidement que le PIB et la masse salariale. Les baisses boursières de 2001 et 2008 ont temporairement calmé cette évolution, mais sitôt les crises passées les tendances longues ont repris leur cours.

Au total, les recettes de l'ISF ont plus que quadruplé entre 1990 et 2017, passant de 1 milliard à plus de 4 milliards, alors que le PIB nominal était multiplié par deux. Tout cela en dépit des multiples allégements, exonérations et plafonnements accordés au fil des ans aux contribuables ISF, et malgré le fait que le seuil d'entrée dans l'ISF a été graduellement relevé de 0,6 million d'euros de patrimoine net en 1990 à 1,3 million d'euros depuis 2012 (après déduction de 30 % sur la valeur de la résidence principale). Le contrôle fiscal au titre de cet impôt a en outre toujours été insuffisant.

1. Voir aussi « Suppression de l'ISF : une faute historique », sur le site du *Monde*, à l'adresse : http://piketty.blog.lemonde.fr/2017/10/10/isf-une-faute-historique/

2. Pour des données détaillées sur l'évolution des patrimoines déclarés à l'ISF et enregistrés dans les différentes sources disponibles, voir Bertrand Garbinti, Jonathan Goupille-Lebret, Thomas Piketty, « Accounting for Wealth Inequality Dynamics : Methods, Estimates and Simulations for France (1800-2014) », World Inequality Database, Working Paper 2016/05.

Songeons par exemple que les déclarations préremplies sont en place depuis dix ans pour l'impôt sur le revenu, mais qu'elles n'ont jamais été appliquées pour l'ISF, alors que les banques pourraient parfaitement transmettre toutes les informations nécessaires au fisc. En 2012, on a même supprimé la déclaration détaillée au-dessous de 3 millions d'euros (il suffit depuis d'indiquer un montant global de patrimoine, sans aucune possibilité de contrôle systématique).

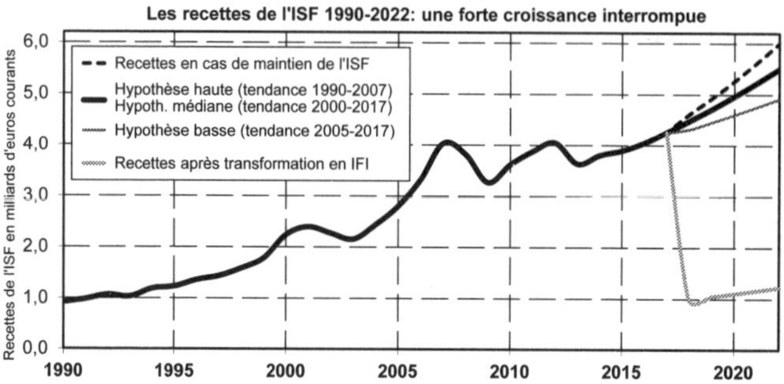

Lecture. Les recettes de l'ISF ont plus que quadruplé entre 1990 et 2017 (passant de 1 à 4,2 milliards d'euros), alors que le PIB nominal doublait en France. Cela s'explique par une très forte croissance du nombre et des montants des patrimoines déclarés à l'ISF, dans toutes les tranches, en particulier les plus élevées, où les hauts patrimoines financiers ont progressé encore plus vite que les patrimoines immobiliers. Cette forte croissance des recettes a été obtenue en dépit des diverses mesures d'allegements et de plafonnements (en particulier le bouclier fiscal en 2007), et du fait que le seuil d'entrée a été progressivement augmenté de 0,6 million d'euros en 1990 à 1,3 million d'euros depuis 2012.
La prévision de recettes 2018-2022 suppose que le patrimoine total des ménages progresse au même rythme que les tendances précédentes (trois variantes), que les tranches du barème de l'ISF sont indexées sur la croissance du patrimoine moyen, et que les hauts patrimoines progressent comme la moyenne. Il s'agit donc de prévisions minimalistes, d'autant plus que le contrôle fiscal sur l'ISF pourrait par ailleurs etre aisément amélioré (déclarations préremplies, etc.).
Sources et séries : piketty.blog.lemonde.fr, 11 décembre 2018.

Avec une meilleure administration, l'ISF pourrait rapporter aujourd'hui plus de 10 milliards d'euros. Ce qui n'aurait d'ailleurs rien d'étonnant, compte tenu du fait que la taxe foncière rapporte plus de 40 milliards, et que le patrimoine est extrêmement concentré (en particulier les actifs financiers, exonérés de taxe foncière).

Toujours est-il que dans l'état de la législation et de l'administration (défaillante) de l'ISF, les recettes de cet impôt ont néanmoins progressé de 1 à 4 milliards de 1990 à 2017. Compte tenu de l'évolution des patrimoines, elles auraient dû atteindre près de 6 milliards en 2022. Avec la suppression de l'ISF et la mise en place de l'IFI, les recettes ont chuté à guère plus de 1 milliard en 2018 : on se retrouve trente ans en arrière, avec une perte d'au moins 5 milliards d'euros par an d'ici à 2022.

La deuxième erreur du gouvernement est historique : il se trompe d'époque. Il est incontestable que les États-Unis et le Royaume-Uni ont lancé un processus de démantèlement de la progressivité fiscale dans les années 1980, et que ce mouvement a été partiellement suivi en Europe dans les années 1990 et au début des années 2000, par exemple avec la suspension de l'impôt sur la fortune en Allemagne et en Suède (et en prime de l'impôt successoral dans ce dernier cas).

Pour autant est-on bien sûr que ces politiques ont produit les effets escomptés ? Depuis la crise de 2008, et surtout depuis Trump, le Brexit et l'explosion du vote xénophobe partout en Europe, on mesure mieux les dangers posés par la montée des inégalités et le sentiment d'abandon des classes populaires, et beaucoup comprennent le besoin d'une nouvelle régulation sociale du capitalisme. Dans ces conditions, en rajouter une couche en faveur des plus riches en 2018 n'était vraiment pas très malin. Si Macron veut être le Président des années 2020 et non des années 1990, il va falloir qu'il s'adapte vite.

Le plus triste est l'effroyable gâchis sur le front climatique. Pour qu'une taxe carbone réussisse, il est impératif d'affecter la totalité de son produit à l'accompagnement social de la transition écologique. Le gouvernement a fait tout le contraire : sur les 4 milliards de hausse de taxes sur les carburants de 2018, et les 4 milliards supplémentaires prévus pour 2019, il n'envisageait de consacrer qu'à peine 10 % aux mesures d'accompagnement, alors que le reste finançait *de facto* la suppression de l'ISF et la *flat tax* sur les revenus du capital.

S'il veut sauver son quinquennat, Macron doit immédiatement rétablir l'ISF et consacrer ces recettes pour compenser ceux qui sont les plus durement touchés par les hausses de taxe carbone, qui doivent reprendre leur cours.

Et s'il ne le fait pas, alors cela signifiera qu'il aura fait le choix d'une idéologie pro-riches dépassée au dépend de la lutte contre le réchauffement climatique.

Directeur d'études à l'EHESS et professeur à l'École d'économie de Paris, Thomas Piketty est l'auteur de nombreux travaux historiques et théoriques, dont *Les Hauts Revenus en France au XXe siècle. Inégalités et redistributions*, 1901-1998 (Grasset, 2001 et « Points Histoire », 2016) et *Le Capital au XXIe siècle* (Seuil, 2013 et « Points Histoire », 2019), qui lui ont valu, en 2013, le prix Yrjö Jahnsson décerné par la European Economic Association.

Le ressenti ne ment pas

Louis Chauvel

Le « ressenti ment » est un lacanisme souvent utilisé pour dénier le fondement réel du malaise social exprimé par les classes moyennes intermédiaires, cet ensemble social dont le revenu net avoisine idéalement les 30 000 à 40 000 euros pour une famille complète[1]. Bénéficiant objectivement d'un bien-être matériel sans précédent par rapport au sort des générations passées, elles devraient reconnaître leur fortune présente. Ses membres partent en général deux fois en vacances par an, alternant baignades et sports d'hiver – en évitant Ramatuelle et Serre-Chevalier. Leurs supermarchés regorgent de marchandises abordables qui auraient fait le bonheur des anciens. Les automobiles sont moins coûteuses en temps de travail, plus sûres, et la probabilité de décéder au volant a été divisée par deux en trente ans.

Dans le même temps, l'espérance de vie a bondi de presque sept ans. La liste est encore longue. Ces arguments optimistes rappellent ceux du psychologue cognitiviste Steven Pinker : nous serions dans un âge d'or que nous ne voyons pas car les esprits ténébreux nous en cachent les lumières. Comment se complaindre,

1. Une première version de cet article est parue dans *Le Monde* du 6 décembre 2018.

sinon par ingratitude ? Pourquoi une telle désillusion du progrès (Raymond Aron) dans une société d'abondance extrême ?

Appelons ce phénomène « le paradoxe d'Aron », qui trouve son explication dans la convergence parfaite de tendances opposées à la marche du progrès des satisfactions. En premier lieu se trouve la dynamique intergénérationnelle de la frustration relative : certes, le pouvoir d'achat s'accroît encore, mais les aspirations sociales, fondées sur la socialisation familiale et le diplôme, ont progressé plus vite encore. Les Trente Glorieuses ont bénéficié à une population peu éduquée, issue de la paysannerie et du prolétariat, majoritairement marquée par les privations, la crise, les guerres. Les générations contemporaines, nettement mieux diplômées et plus souvent issues des classes moyennes, se forment des attentes excessives que la croissance ralentie ne peut plus satisfaire.

La deuxième dimension du paradoxe d'Aron relève du type de biens porteurs de satisfaction, et du jeu de leurs prix relatifs depuis vingt ans. Certes, notre pouvoir d'achat électronique a explosé : la moindre puce de smartphone dépasse de dix mille fois celle d'un PC de 1990. En revanche, les biens reflétant la participation aux formes les plus élaborées de la vie sociale, pour parler comme Maurice Halbwachs, ont connu le mouvement inverse : accéder aux meilleurs services de santé, pouvoir prétendre aux diplômes les plus élevés, résider à proximité des voisinages les plus exclusifs, au foyer central de la valeur sociale, sont maintenant hors de portée des classes moyennes intermédiaires. Sans atteindre le niveau de sélectivité économique extrême des États-Unis, avec le doublement des frais d'inscription universitaires et secondaires en une génération, le haut du podium échappe à la portée des Français moyens. Le coût des assurances et des mutuelles suit la même pente. Les zones résidentielles les plus désirables excluent les classes moyennes qui se rabattent vers des zones où l'investissement est plus précaire. En une génération, le pouvoir d'achat immobilier d'une année de salaire médian a été divisé par deux. Si la croissance des Trente Glorieuses était fondée sur des prix de l'immobilier en baisse, la fourniture de services publics gratuits d'enseignement et de santé, la remarchandisation actuelle va contre les intérêts des revenus intermédiaires. De nombreux indicateurs sociaux montrent ici que l'impression superficielle de santé des classes moyennes dissimule de profondes difficultés structurelles. Je ne parlerai pas ici de la retraite.

Le troisième élément explicatif de nos difficultés relève de la conjoncture de court terme, qui dissimule en réalité une tendance pluridécennale d'alternance cyclique entre croissance ralentie et franches récessions. On sent ici l'abîme se rapprocher puisque la morphologie de l'indicateur synthétique de l'enquête de conjoncture de l'Insee est typique[1] : en cédant quarante points depuis l'élection du président Macron, la courbe actuelle évoque celle de novembre 2007, préalable à la récession de 2008. Le dernier point, celui de novembre 2018, marque l'accélération du pessimisme. C'est là bien plus qu'un indicateur de morosité ambiante, mais le constat partagé que les espoirs de reprise après les efforts engagés depuis les présidentielles pourraient n'avoir été qu'illusions. Pour les classes moyennes, on reconnaît ici l'effet tunnel du sociologue Albert Hirschman : imaginez-vous dans un tunnel à deux voies, pris à droite dans l'embouteillage. La file de gauche – la plus rapide – redémarre enfin. En premier lieu, vous éprouvez l'espoir de repartir et votre bien-être s'accroît. Mais dans un second temps, rien ne se passant de votre côté, l'extrême frustration se saisira de tous ceux englués sur la file bloquée. L'accident devient probable lorsqu'un conducteur frustré déboîte. Depuis 2017, dans un premier temps, les classes moyennes figées dans la stagnation

1. Voir ainsi le graphique en fin de cet article, p. 89.

ont voulu croire en la théorie du ruissellement de la croissance. Les déceptions les plus profondes résultent d'espoirs excessifs, et promeuvent la révolte.

Dans ce contexte, les « petites classes moyennes » se vivent comme les suivantes sur la liste des victimes des problèmes sociaux dont le niveau remonte dans le glissement progressif de la souffrance. La progression se mesure ici. Voilà trente ans, en 1988, le revenu minimum d'insertion (RMI) fut la réponse à la nouvelle pauvreté du chômeur désaffilié. En 1995, Emmanuel Todd soulignait la fracture sociale entre les classes populaires et les classes moyennes, et fit élire le candidat Chirac sur l'espoir de ressouder le corps social.

Voilà douze ans, je pointais les signes précurseurs de problèmes affectant le centre même du système social[1], que le biais d'optimisme portait à négliger. Les fragilités d'alors, en s'accumulant, corrodent progressivement l'ensemble de l'édifice social. C'est la théorie du morceau de sucre au fond d'une tasse de café : le sommet et la partie moyenne semblent intacts, mais la délitescence prolongée des parties inférieures, progressant par capillarité, menace l'ensemble d'une dégradation inévitable.

Dans cette accumulation de périls, certains espèrent une convergence des luttes. Ces espoirs aussi doivent être refroidis : je souligne plutôt une *synchronisation des frustrations* plus propice à l'expression d'exaspérations exacerbées qu'à une structuration d'une volonté collective organisée. La théorie des révolutions[2] insiste sur la rencontre des frustrations et des récessions comme source d'anomie et comme contexte déclencheur de la violence

1. Louis Chauvel, *Les Classes moyennes à la dérive*, Paris, La République des Idées-Seuil, 2006.

2. Étudiée par Ted Robert Gurr dans *Why Men Rebel* (Princeton University Press, 1970), ou James C. Davies dans *When Men Revolt and Why* (The Free Press, 1971).

Évolution de l'indicateur « perspectives d'évolution de la situation financière personnelle », solde des réponses positives et négatives

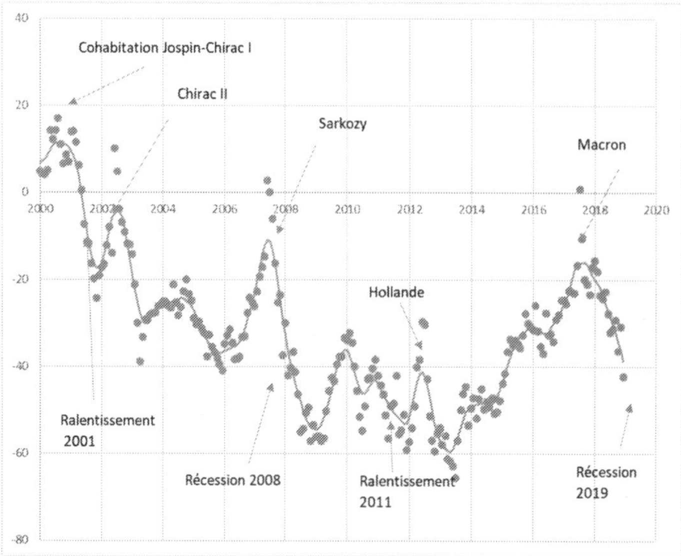

Note : l'indicateur décrit les perspectives pressenties de l'évolution de la situation personnelle des résidents français. Les valeurs négatives signifient que la majorité est pessimiste. (Source : Insee ; Louis Chauvel)

politique. Ce n'est pas simplement la saturation des frustrations, mais aussi le déclin de l'intégration syndicale et politique de ces corps intermédiaires qui posent problème, puisque rien ne peut redonner de cadre structurant aux tensions.

Ces frustrations synchronisées ne créent pas du collectif, au-delà de la récompense émotionnelle fugace dont bénéficient les participants à l'action directe des émeutes violentes. Certains craignent le retour de février 1934, mais il vaut mieux s'inquiéter de la multiplication de personnages destoïevskiens séduits par ce que Georges Sorel (1908) appelait de ses vœux : « l'apologie de la violence ». « La grève est un phénomène de guerre », proclamait-il.

De tout cela résulte que, même si par miracle la crise des gilets jaunes devait bientôt s'évanouir comme elle est venue, ses causes demeurant, d'autres mouvements similaires, au profil hybride et parfaitement anomique, fleuriront à leur tour.

Louis Chauvel est professeur à l'université du Luxembourg, membre honoraire de l'Institut universitaire de France, chercheur associé à Sciences Po (OSC). Il est l'auteur de *La Spirale du déclassement. Essai sur la société des illusions* (Seuil, 2016) et de *Les Classes moyennes à la dérive* (La République des idées-Seuil, 2006).

Reformuler la question sociale

Alexis Spire

Si le soulèvement survenu à la fin de l'année 2018 demeure incontestablement un événement imprévisible par son ampleur et son intensité, il a mis en lumière des logiques sociales qui rejoignent en grande partie l'enquête que j'ai pu mener depuis plusieurs années sur les contribuables français[1]. En effet, les propos tenus dans les manifestations et les cortèges qui se sont déroulés jusqu'à la fin du mois de décembre 2018 ont confirmé un paradoxe qui ressortait déjà du questionnaire statistique que j'ai passé auprès d'un échantillon représentatif de 2 700 personnes : l'exaspération à l'égard du niveau atteint par les prélèvements est plus forte chez les contribuables à faibles revenus et peu diplômés que chez ceux qui se situent en haut de la hiérarchie sociale.

Certes, les mesures adoptées par Emmanuel Macron au début de son quinquennat, notamment la transformation de l'impôt sur la fortune et l'instauration d'une taxation plafonnée à 30 % pour les revenus du capital, ont parachevé son image de « Président des riches ». Mais en réalité, le sentiment d'injustice fiscale couvait depuis plusieurs années au sein des

1. Alexis Spire, *Résistances à l'impôt, attachement à l'État*, *op. cit.*

classes moyennes et populaires. Le soulèvement des gilets jaunes y a ajouté la question de la valorisation du travail et l'enjeu de la mobilité spatiale et sociale.

Le mouvement a démarré sur une pétition ayant recueilli en quelques jours plus de 220 000 signatures contre la hausse du prix des carburants et il a très vite trouvé un écho sur l'ensemble du territoire, par le biais des réseaux sociaux et à distance de toute forme d'organisation. Le succès de la première journée de mobilisation du 17 novembre a pu apparaître à certains comme celui d'un mouvement d'automobilistes, une catégorie large dans un pays où 85 % des ménages possèdent une voiture. Mais très rapidement, les manifestants ont développé une critique virulente du niveau atteint par les prélèvements et plus fondamentalement une profonde insatisfaction concernant la rémunération du travail.

Dans un contexte où les gouvernants et la plupart des acteurs politiques ont depuis plusieurs années martelé l'impossibilité d'envisager la moindre augmentation de salaire, mettant en avant le chômage de masse et les contraintes liées à la mondialisation, la baisse des prélèvements apparaît comme la seule revendication audible pour améliorer leur pouvoir d'achat et regagner un peu de marge de manœuvre par rapport à toutes les dépenses contraintes. Cette dimension économique permet de comprendre la forte implication des femmes dans le mouvement. Certaines sont des mères de famille monoparentale qui se sont retrouvées en situation de pauvreté suite à une séparation : dans les foyers modestes, elles ont moins de chances que les pères de se remettre en couple, ont à leur charge un nombre d'enfants plus élevé et reçoivent moins souvent leur pension alimentaire. Pour celles qui sont encore en couple, la déclaration d'impôt reste une tâche féminine alors que dans les ménages à hauts revenus, elle constitue une prérogative masculine. Les femmes retraitées ont également davantage de raisons de se mobiliser que leurs homologues masculins car leurs pensions de retraite sont souvent bien moindres : les discriminations salariales qu'elles ont connues tout au long de leur vie active se cumulent et s'ajoutent aux carences de cotisations des carrières discontinues.

La mobilisation des gilets jaunes revêt également une dimension morale qui est très vite apparue à travers les revendications de respect et de dignité. Au-delà de la défense du pouvoir d'achat, il s'agissait d'opposer un sursaut de fierté face au mépris affiché des élites dirigeantes. Les observateurs les plus critiques ont pu voir dans le thème récurrent des « petits » contre les gros une résurgence du poujadisme, voire du boulangisme, alors que l'enjeu était aussi de défendre la légitimité de celles et ceux qui vivent de leur travail par opposition aux élus qui vivent de la politique. Lorsque les gilets jaunes prennent la parole, ils ne se définissent pas par leur origine ou par leur position géographique mais par leur position professionnelle : « je suis maçon », « je suis plombier », je suis aide-soignante, « je suis aide-ménagère ». Remettant le travail au cœur du débat public, les manifestants affichent leur revenu mensuel comme la preuve de ne pas être reconnus à leur juste valeur. L'objectif est de recouvrer une certaine dignité en construisant un « nous » qui se démarque à la fois de ceux du bas qui vivent de l'assistance et de ceux du haut qui perçoivent des rémunérations sans commune mesure avec le travail qu'ils accomplissent effectivement.

Cette conception morale du juste et de l'injuste ne se limite pas à des considérations économiques et se décline aussi sur un mode politique. Au débordement de la colère a succédé une libération de la parole qui a trouvé à s'exprimer dans l'espace médiatique. Des populations jusque-là invisibles ont fait irruption sur les plateaux télévisés pour évoquer des thèmes rarement débattus tels que les faibles rémunérations, les factures de la fin du mois et les denrées de première nécessité devenues inabordables. Revendiquant sa distance et sa méfiance à l'égard des partis et des syndicats, le mouvement a réussi à s'imposer comme une mobilisation extra-parlementaire ayant vocation à durer et à participer au débat public. Récusant les formes instituées de la représentation, ses porte-parole ont fait valoir la légitimité des ronds-points, ces nouveaux lieux de sociabilité locale où des citoyens, qui ne se parlaient plus, se retrouvent pour discuter politique et reconstruire des liens de solidarité.

Ce renouvellement des formes de mobilisation est révélateur d'une profonde recomposition des différences sociales autour de deux critères essentiels, celui de la mobilité et celui de l'impôt. Le thème de la mobilité a longtemps été instrumentalisé par les économistes libéraux pour faire valoir la capacité des travailleurs à optimiser leur situation en s'ajustant aux contraintes des entreprises. Or le mouvement des gilets jaunes a placé la question de la mobilité au cœur de ses préoccupations. Dans un contexte où le prix des logements a considérablement augmenté et pèse particulièrement sur les ménages modestes, l'accroissement des inégalités économiques s'est traduit par une accentuation des disparités spatiales : certains lieux sont devenus abordables à condition de pouvoir disposer des moyens de locomotion pour se rendre au travail, faire les courses ou accéder aux services publics. En zones rurales et dans les petites villes, toutes ces mobilités indispensables rendent les usagers dépendants de leur voiture, surtout lorsque les transports publics tendent à se raréfier. Le mode d'action par l'occupation des ronds-points et le filtrage des automobilistes peut ainsi s'interpréter comme un moyen de reprendre le contrôle sur la mobilité. Le blocage de la circulation est une manière de rappeler la contrainte que représente l'impossibilité de circuler lorsque le prix des carburants est devenu exorbitant.

L'attachement à la mobilité comme liberté fondamentale ne se limite d'ailleurs pas à sa dimension spatiale. Le soulèvement des gilets jaunes vise également à revendiquer un droit à la mobilité sociale dans une société qui apparaît de plus en plus figée par l'accroissement des inégalités scolaires et le rétrécissement des perspectives de promotion sociale. Dans les cortèges et dans les interventions de nombreux gilets jaunes, les revendications ne se limitaient pas au pouvoir d'achat et portaient aussi sur la difficulté des futures générations à trouver leur place dans la société : beaucoup de retraités ont notamment justifié leur mobilisation non pas seulement pour défendre leur situation, mais aussi celle de leurs enfants et de leurs petits-enfants. Cette revendication traduit une espérance déçue qui clive désormais les groupes sociaux dans leur rapport à l'avenir, entre ceux qui peuvent encore croire à une ascension possible et ceux qui se sentent assignés pour plusieurs générations à leur appartenance sociale.

En mettant en avant la stigmatisation des taxes et des impôts, le mouvement des gilets jaunes marque enfin une profonde transformation dans la manière de décrire les différences sociales. Pendant longtemps, l'appartenance de classe se définissait presque exclusivement par la place occupée dans la division du travail. Cette équivalence était d'ailleurs également à l'œuvre dans les mouvements de résistance collective à l'impôt qui ont longtemps été articulés aux positions socio-professionnelles. Que ce soit la révolte antifiscale des commerçants derrière Poujade dans les années 1950, celle des artisans autour de Nicoud dans les années 1970, celle des camionneurs contre la hausse des prix sur les carburants dans les années 1990 ou encore celle des patrons de start-up rebaptisés « pigeons » en 2012, toutes les mobilisations contre l'impôt ont été organisées sur la base d'un même corps de métiers.

Par rapport à cette longue tradition hexagonale, le mouvement des gilets jaunes présente une double singularité. Tout d'abord, grâce à l'utilisation des réseaux sociaux, il s'est mis en place sans passer par des organisations professionnelles. De plus, à la différence du mouvement des bonnets rouges qui restait circonscrit à la Bretagne, il s'est d'emblée situé à l'échelle de l'ensemble du territoire. La stigmatisation des taxes a rendu possible une coalition improbable de groupes hétérogènes tels que des retraités, des employés, des ouvriers, des chômeurs, des intérimaires ou encore des petits indépendants. Tous ces contribuables, attachés aux petites mobilités mais exclus des longues mobilités, sont à la fois les plus exposés aux conséquences de la mondialisation et les plus touchés par la généralisation de systèmes de prélèvements de moins en moins progressifs.

Par comparaison, celles et ceux qui partagent leur vie, leur travail et leurs loisirs dans plusieurs pays ont désormais tous les traits d'une classe supérieure itinérante : plus diplômés et mieux dotés en capital culturel et économique, ils sont amenés à circuler et à évoluer sur des scènes internationales, ce qui accroît les possibilités de minimiser, contourner, voire éviter, l'impôt. En plus d'être une source d'enrichissement culturel, la mobilité est l'occasion d'acquérir un capital symbolique international et de bénéficier d'avantages économiques substantiels, même pour celles et ceux qui décident finalement de déclarer leur résidence en France[1]. Ils peuvent par exemple pro-

1. Le régime d'impatriation adopté en 2004 et élargi en 2015 prévoit diverses exonérations pour les salariés, français ou étrangers, ayant passé plus de cinq ans à l'étranger et revenant en France. Voir Anne-Catherine Wagner, « Attirer les talents internationaux. Les ambiguïtés d'une hospitalité sélective », *Savoir/Agir*, n° 36, 2016, p. 33-38.

fiter de voyages à l'étranger pour acquérir des biens de luxe en minimisant la TVA ou encore échapper aux prélèvements sur le capital en investissant à l'étranger. Tandis que les différences sociales ont reposé tout au long du XXe siècle sur la position socioprofessionnelle, il est possible que le passage de la question sociale à la question fiscale recompose le paysage des inégalités, en fonction des capacités de mobilité de chaque contribuable et de ses capacités à gérer, voire à s'extraire de la contrainte fiscale.

Alexis Spire, chercheur au CNRS, travaille sur la mise en œuvre des politiques fiscales et sur l'inégalité devant l'impôt depuis la Seconde Guerre mondiale. Il est l'auteur de *Résistances à l'impôt, attachement à l'État. Enquête sur les contribuables français* (Seuil, 2018) et, avec Katia Weidenfeld, de *L'Impunité fiscale. Quand l'État brade sa souveraineté* (La Découverte, 2015).

La crise de l'État néolibéral

Jean-Claude Monod

Cela fait bien longtemps que des voix multiples tirent le signal d'alarme sur le fait suivant : le capitalisme dans sa version néolibérale produit un accroissement des inégalités si vertigineux qu'il atteint désormais un point de rupture sociale, et donne un sentiment de dépossession démocratique tel qu'il ruine la confiance dans les institutions représentatives[1]. Les gilets jaunes ont rendu manifeste ce double point de rupture : beaucoup de gens, peut-être une majorité aujourd'hui, ne peuvent tout simplement pas vivre dans ce système économique.

Salariés et fonctionnaires des classes moyennes, employés et travailleurs pauvres, familles monoparentales ou « recomposées », ils ne gagnent pas assez pour payer un loyer ou des emprunts, assurer leur quotidien et celui de leurs enfants, acquitter les taxes directes et indirectes. Or, suivant une analyse classique du sociologue allemand Claus Offe[2], l'État a(vait) une double fonction dans le cadre d'un capitalisme avancé : d'un côté, il sert les

1. Ce texte est une version remaniée d'une tribune parue dans *Libération* le 14 décembre 2018.

2. *Herausforderungen der Demokratie. Zur Integrations- und Leistungsfähigkeit politischer Institutionen*, Francfort-sur-le-Main, Campus-Verlag, 2003.

intérêts dominants en assurant l'ordre et la mise à disposition d'une force de travail, mais de l'autre, il compense les inégalités et redistribue la richesse produite de façon à créer des conditions d'existence viables pour les travailleurs, les employés, etc.

Cette balance, celle du compromis keynésien ou des « décennies sociales-démocrates » d'après la Seconde Guerre mondiale, a été brisée par des décennies de néolibéralisme. La « gouvernementalisation de l'État », analysée par Michel Foucault dans ses cours au Collège de France, a mis celui-ci si largement au service des intérêts privés, des grands groupes industriels, financiers, bancaires, et des individus les plus fortunés, au détriment des services sociaux, des plus pauvres et des classes moyennes, qu'une partie toujours plus grande de la population est paupérisée, voit ses prestations sociales et son pouvoir d'achat diminuer et ses contributions fiscales augmenter.

Avant les gilets jaunes, c'est au fond Emmanuel Macron lui-même qui a exhibé cette « contradiction » qui lui est revenue comme un boomerang : suppression (partielle) de l'ISF, allégement de la fiscalité sur les revenus du capital et les bonus, subventions sans contrepartie aux entreprises, « en même temps » qu'on diminue les APL, les aides au logement social, et qu'on présente les dépenses sociales comme un « pognon de dingue ».

Le « en même temps » de sa campagne électorale suggérait plutôt un souci d'équilibrer l'inspiration libérale de son programme par des inflexions de gauche, mais il a cédé la place, dans la pratique, à une remise des clés économiques et sociales du gouvernement à la droite la plus aveuglément libérale, à un abandon des perspectives de lutte contre les inégalités, si l'on excepte une hausse du minimum vieillesse et le dédoublement des classes de ZEP. Ne reste alors que le passage en force de l'agenda des réformes néolibérales, comme celle du Code du travail, qui a pu faire parler, pour une part à juste titre, d'un « libéralisme autoritaire[1] ».

Eh bien, non, ça ne marche plus, ça suffit comme ça. Comme le note encore Claus Offe[2], à mesure que les gouvernements ont perdu le contrôle de la politique économique en se calquant sur un agenda fixé d'avance (remboursement de la dette, interdiction d'un déficit supérieur à 3 %, réduction des protections des travailleurs au nom de la compétitivité, coupes dans les dépenses de l'État, austérité...), les citoyens ont perdu confiance dans l'idée qu'un contrôle démocratique sur les politiques gouvernementales était crédible.

Si le néolibéralisme est né d'une « crise de l'État providence » qu'il avait lui-même diagnostiquée, il pourrait bien mourir d'une « crise de l'État néolibéral[3] » dès lors que celui-ci a fini par pro-

1. Voir mon article « Le macronisme est-il (vraiment) un "libéralisme autoritaire" ? », sur le site du *Nouveau Magazine littéraire*, 3 mai 2018.

2. Claus Offe, « Two-and-a-Half Theories. Post-Democracy in the Age of Global Financial Markets », *Eurozine*, 22 novembre 2013.

3. Par « État néolibéral », je n'entends évidemment pas dire que l'État français actuel représenterait la réalisation complète du programme néolibéral dans sa version hayekienne : on sait que la part des dépenses publiques dans le PIB français atteint des niveaux record (supérieures à celles de la Finlande ou du Danemark en 2016), que les mécanismes de protection sociale restent comparativement élevés, comme la prise en charge des dépenses de santé, etc. C'est d'ailleurs l'une des causes du niveau, lui aussi élevé, des impôts et des prélèvements sociaux, que cible aussi le mouvement des gilets jaunes dans son ambiguïté politique « antifiscale » et antiétatiste (certains dénoncent l'injustice des prélèvements, d'autres, semble-t-il, les prélèvements et les impôts tout court). Mais depuis plusieurs décennies, avec une intensification sous Macron, le discours et le projet d'une « nécessaire » réduction des services publics, de l'emploi public, des déficits publics destinée à réduire les déficits, la privatisation de secteurs entiers se sont combinés avec une extension de la logique managériale à l'État, avec une apologie de la *start up* constituée en modèle pour la nation, un allègement du Code du travail très favorable aux employeurs, un grignotage des statuts au profit de la flexibilité, une fiscalité

duire ce que ses premiers théoriciens, dans les années 1930 (les « ordolibéraux » allemands), voulaient éviter : un décrochage des travailleurs pauvres, des classes moyennes et des chômeurs qui, ne « s'y retrouvant plus », se détourneront de la démocratie libérale et seront tentés par diverses options, toujours ouvertes – un mouvement social aux accents insurrectionnels, une forme d'anarchisme « antipolitique », le fascisme (aujourd'hui relooké), le « populisme de droite » ou des variantes (aujourd'hui plutôt libertaires) de communisme.

Traversé par des courants contraires, ce mouvement sans leader a les inconvénients de ses avantages : à côté de la puissante expression d'un désir de justice sociale et fiscale, une dispersion des demandes, une incertitude quant à l'horizon politique, parfois une haine préoccupante de la représentation et des représentants, laissant même fuser ici et là les pires slogans antisémites et homophobes. Aucun aveuglement « pour la bonne cause » n'est de mise à cet égard, si l'on ne veut pas que ce mouvement accouche d'une sorte de « noces à l'italienne » entre un dégagisme néopopuliste et un souverainisme nettement xénophobe.

Mais ce serait faire preuve d'un aveuglement symétrique que de discréditer un mouvement en raison des agissements ou des slogans de quelques groupes qui en ont fait le véhicule de leurs obsessions ; les gilets jaunes dessinent aussi d'autres voies, prometteuses : une demande de démocratie sociale, de réappropriation du pouvoir par le peuple sous forme de démocratie plus directe – assemblée citoyenne (à la place du Sénat), référendum d'initiative populaire –, une inversion de la politique économique et sociale en faveur des moins riches et des

très favorable aux plus privilégiés – autant de marques d'un État aux prises avec un programme néolibéral imposé depuis le sommet.

classes moyennes. Le timide début de réponse apporté par le chef de l'État aux demandes les plus ponctuelles laisse entièrement ouvert ce chantier de refondation démocratique et d'instauration d'un système économique plus juste.

Jean-Claude Monod est directeur de recherches au CNRS, enseignant à l'École normale supérieure (Paris). Il est notamment l'auteur de *Qu'est-ce qu'un chef en démocratie ?* (Seuil, 2012).

Quatre manifestants en gilets jaunes durant le blocage de la rocade de Rennes, le 17 novembre 2018. © Maud Dupuy/Hans Lucas

ES JEUNES EN
GALÈRE
ES VIEUX DANS LA
MISÈRE
EUPLE EN COLÈR
CHAMPION
DU MONDE
EN COLÈRE
#MacronDémission

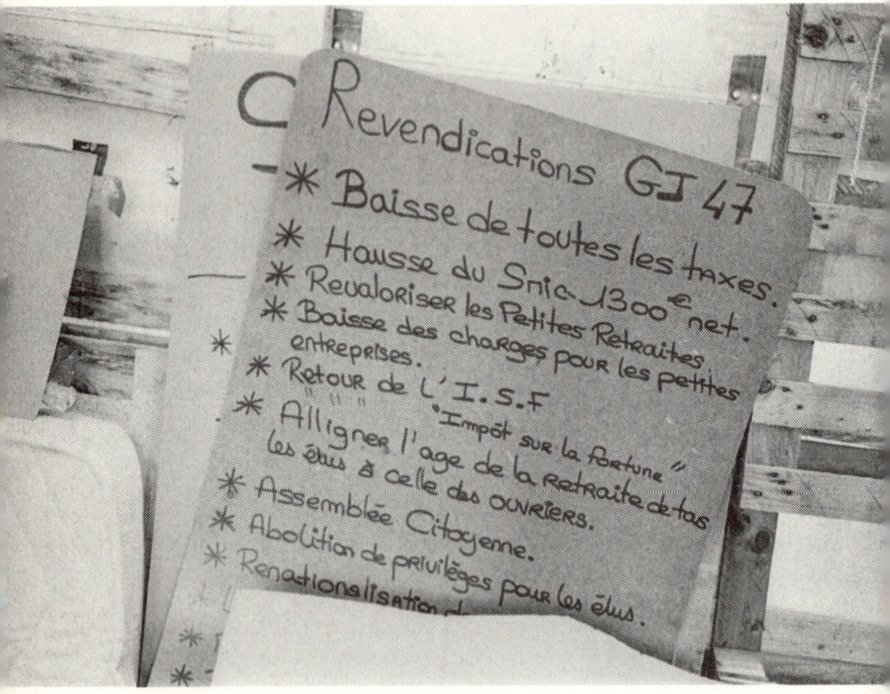

À gauche, les gilets jaunes exposent leurs revendications sur des cartons ou des planches pour les conducteurs qui empruntent le rond-point. À droite, les gilets jaunes se servent des saucisses qui leur ont été apportées par des soutiens. Le samedi 8 décembre 2018, à Marmande, rond-point de la grande surface Leclerc, sur la propriété de la chaîne hôtelière Campanile. © Édouard Élias

Les gilets jaunes se mobilisent aux abords des routes de France. Ici, sur le rond-poin jouxtant l'hôtel Campanile, ils ont eu l'autorisation de monter une structure pour se protéger du vent et de la pluie. Le samedi 8 décembre 2018, à Marmande, rond-point de la grande surface Leclerc, sur la propriété de la chaîne hôtelière Campanile
© Édouard Élias

L OI,
OLUTION
ne2018
C'EST

Appel de Commercy du 2 décembre 2018

Appel des gilets jaunes de Commercy à des Assemblées populaires partout
Refusons la récupération !
Vive la démocratie directe !
Pas besoin de « représentants » régionaux !

Depuis près de deux semaines le mouvement des gilets jaunes a mis des centaines de milliers de personnes dans les rues partout en France, souvent pour la première fois. Le prix du carburant a été la goutte de gasoil qui a mis le feu à la plaine. La souffrance, le ras-le-bol, et l'injustice n'ont jamais été aussi répandus. Maintenant, partout dans le pays, des centaines de groupes locaux s'organisent entre eux, avec des manières de faire différentes à chaque fois.

Ici à Commercy, en Meuse, nous fonctionnons depuis le début avec des assemblées populaires quotidiennes, où chaque personne participe à égalité. Nous avons organisé des blocages de la ville, des stations-services, et des barrages filtrants. Dans la foulée nous avons construit une cabane sur la place centrale. Nous nous y retrouvons tous les jours pour nous organiser, décider des prochaines actions, dialoguer avec les gens, et accueillir celles et ceux qui rejoignent le mouvement. Nous organisons aussi des « soupes solidaires » pour vivre des beaux moments ensemble et apprendre à nous connaître. En toute égalité.

Mais voilà que le gouvernement, et certaines franges du mouvement, nous proposent de nommer des représentants par région ! C'est à dire quelques personnes qui deviendraient les seuls « interlocuteurs » des pouvoirs publics et résumeraient notre diversité.

Mais nous ne voulons pas de « représentants » qui finiraient forcément par parler à notre place !

À quoi bon ? À Commercy une délégation ponctuelle a rencontré le sous-préfet, dans les grandes villes d'autres ont rencontré directement le Préfet : ceux ci-font DÉJÀ remonter notre colère et nos revendications. Ils savent DÉJÀ qu'on est déterminés à en finir avec ce président haï, ce gouvernement détestable, et le système pourri qu'ils incarnent !

Et c'est bien ça qui fait peur au gouvernement ! Car il sait que si il commence à céder sur les taxes et sur les carburants, il devra aussi reculer sur les retraites, les chômeurs, le statut des fonctionnaires, et tout le reste ! Il sait aussi TRÈS BIEN qu'il risque d'intensifier UN MOUVEMENT GÉNÉRALISÉ CONTRE LE SYSTÈME !

Ce n'est pas pour mieux comprendre notre colère et nos revendications que le gouvernement veut des « représentants » : c'est pour nous encadrer et nous enterrer ! Comme avec les directions syndicales, il cherche des intermédiaires, des gens avec qui il pourrait négocier. Sur qui il pourra mettre la pression pour apaiser l'éruption. Des gens qu'il pourra ensuite récupérer et pousser à diviser le mouvement pour l'enterrer.

Mais c'est sans compter sur la force et l'intelligence de notre mouvement. C'est sans compter qu'on est bien en train de réfléchir, de s'organiser, de faire évoluer nos actions qui leur foutent tellement la trouille et d'amplifier le mouvement !

Et puis surtout, c'est sans compter qu'il y a une chose très importante, que partout le mouvement des gilets jaunes réclame sous diverses formes, bien au-delà du pouvoir d'achat ! Cette chose, c'est le pouvoir au peuple, par le peuple, pour le peuple. C'est un système nouveau où « ceux qui ne sont rien » comme ils disent avec mépris, reprennent le pouvoir sur tous ceux qui se gavent, sur les dirigeants et sur les puissances de l'argent. C'est l'égalité. C'est la justice. C'est la liberté. Voilà ce que nous voulons ! Et ça part de la base !

Si on nomme des « représentants » et des « porte-parole », ça finira par nous rendre passifs. Pire : on aura vite fait de reproduire le système et fonctionner de haut en bas comme les crapules qui nous dirigent. Ces soi-disant « représentants du peuple » qui s'en mettent plein des poches, qui font des lois qui nous pourrissent la vie et qui servent les intérêts des ultra-riches !

Ne mettons pas le doigt dans l'engrenage de la représentation et de la récupération. Ce n'est pas le moment de confier notre parole à une petite poignée, même s'ils semblent honnêtes. Qu'ils nous écoutent tous ou qu'ils n'écoutent personne !

Depuis Commercy, nous appelons donc à créer partout en France des comités populaires, qui fonctionnent en assemblées générales régulières. Des endroits où la parole se libère, où on ose s'exprimer, s'entraîner, s'entraider. Si délégués il doit y avoir, c'est au niveau de chaque comité populaire local de gilets jaunes, au plus près de la parole du peuple. Avec des mandats impératifs, révocables, et tournants. Avec de la transparence. Avec de la confiance.

Nous appelons aussi à ce que les centaines de groupes de gilets jaunes se dotent d'une cabane comme à Commercy, ou d'une « maison du peuple » comme à Saint-Nazaire, bref, d'un lieu de ralliement et d'organisation ! Et qu'ils se coordonnent entre eux, au niveau local et départemental, en toute égalité !

C'est comme ça qu'on va gagner, parce que ça, là haut, ils n'ont pas l'habitude de le gérer ! Et ça leur fait très peur.

Nous ne nous laisserons pas diriger. Nous ne nous laisserons pas diviser et récupérer.

Non aux représentants et aux porte-paroles autoproclamés ! Reprenons le pouvoir sur nos vies ! Vive les gilets jaunes dans leur diversité !

VIVE LE POUVOIR AU PEUPLE,
PAR LE PEUPLE, POUR LE PEUPLE !

Les revendications des gilets jaunes (publiées sur Internet le 28 novembre 2018, à l'initiative d'une manifestante de la Sarthe)

Députés de France, nous vous faisons part des Directives du peuple pour que vous les transposiez en LOI.

– Zéro SDF : URGENT.

– Impôt sur le revenu davantage progressif (plus de tranches).

– Smic à 1 300 euros net.

– Favoriser les petits commences des villages et centres-villes. (Cesser la construction des grosses zones commerciales autour des grandes villes qui tuent le petit commerce.). + de parkings gratuits dans les centres-villes.

– Grand plan d'isolation des logements. (faire de l'écologie en faisant faire des économie aux ménages).

– Que les GROS (Macdo, google, Amazon, Carrefour...) payent GROS et que les petits (artisans, TPE PME) payent petit.

– Même système de sécurité social pour tous (y compris artisans et autoentrepreneurs). Fin du RSI.

– Le système de retraite doit demeurer solidaire et donc socialisé. (Pas de retraite à point).

– Fin de la hausse des taxes sur le carburant.

– Pas de retraite en dessous de 1200 euros.

– Tout représentant élu aura le droit au salaire médian. Ses frais de transports seront surveillés et remboursés s'ils sont justifiés. Droit au ticket restaurant et au chèque vacances.

– Les salaires de tous les Français ainsi que les retraites et les allocations doivent être indexés à l'inflation.

– Protéger l'industrie française : interdire les délocalisations. Protéger notre industrie c'est protéger notre savoir-faire et nos emplois.

– Fin du travail détaché. Il est anormal qu'une personne qui travaille sur le territoire français ne bénéficie pas du même salaire et des mêmes droits. Toute personne étant autorisée à travailler sur le territoire français doit être à égalité avec un citoyen français et son employeur doit cotiser à la même hauteur qu'un employeur français.

– Pour la sécurité de l'emploi : limiter davantage le nombre de CDD pour les grosses entreprises. Nous voulons plus de CDI.

– Fin du CICE. Utilisation de cet argent pour le lancement d'une Industrie Française de la voiture à hydrogène (qui est véritablement écologique, contrairement à la voiture électrique.)

– Fin de la politique d'austérité. On cesse de rembourser les intérêts de la dette qui sont déclarés illégitimes et on commence à rembourser la dette sans prendre l'argent des pauvres et des moins pauvres mais en allant chercher les 80 milliards de fraude fiscale.

– Que les causes des migrations forcées soient traitées.

– Que les demandeurs d'asiles soient bien traités. Nous leur devons le logement, la sécurité, l'alimentation ainsi que l'éducation pour les mineurs. Travaillez avec l'ONU pour que des camps d'accueil soient ouverts dans de nombreux pays du monde, dans l'attente du résultat de la demande d'asile.

– Que les déboutés du droit d'asile soient reconduits dans leur pays d'origine.

– Qu'une réelle politique d'intégration soit mise en œuvre. Vivre en France implique de devenir français (cours de langue française, cours d'Histoire de la France et cours d'éducation civique avec une certification à la fin du parcours).

– Salaire maximum fixé à 15 000 euros.

– Que des emplois soient créés pour les chômeurs.

– Augmentation des allocations handicapés.

– Limitation des loyers. + de logement à loyers modérés (notamment pour les étudiants et les travailleurs précaires).

– Interdiction de vendre les biens appartenant à la France (barrage aéroport…)

– Moyens conséquents accordées à la justice, à la police, à la gendarmerie et à l'armée. Que les heures supplémentaires des forces de l'ordre soient payées ou récupérées.

– L'intégralité de l'argent gagné par les péages des autoroutes devra servir à l'entretien des autoroutes et routes de France ainsi qu'à la sécurité routière.

– Le prix du gaz et l'électricité ayant augmenté depuis qu'il y a eu privatisation, nous voulons qu'ils redeviennent publiques et que les prix baissent de manière conséquente.

– Fin immédiate de la fermeture des petites lignes, des bureaux de poste, des écoles et des maternités.

– Apportons du bien-être à nos personnes âgées. Interdiction de faire de l'argent sur les personnes âgées. L'or gris, c'est fini. L'ère du bien-être gris commence.

– Maximum 25 élèves par classe de la maternelle à la Terminale.

– Des moyens conséquents apportés à la psychiatrie.

– Le référendum populaire doit entrer dans la Constitution. Création d'un site lisible et efficace, encadré par un organisme indépendant de contrôle où les gens pourront faire une proposition de loi. Si cette proposition de loi obtient 700 000 signatures alors cette proposition de loi devra être discutée, complétée, amendée par l'Assemblée Nationale qui aura l'obligation, (un an jour pour jour après l'obtention des 700 000 signatures) de la soumettre au vote de l'intégralité des Français.

– Retour à un mandat de 7 ans pour le Président de la République. (L'élection des députés deux ans après l'élection du président de la République permettait d'envoyer un signal positif ou négatif au président de la République concernant sa politique. Cela participait donc à faire entendre la voix du peuple.)

– Retraite à 60 ans et pour toutes les personnes ayant travaillées dans un métier usant le corps (maçon ou désosseur par exemple) droit à la retraite à 55 ans.

– Un enfant de 6 ans ne se gardant pas seul, continuation du système des aides Pajemploi jusqu'à ce que l'enfant ait 10 ans.

– Favoriser le transport de marchandises par la voie ferrée.

– Pas de prélèvement à la source.

– Fin des indemnités présidentielles à vie.

– Interdiction de faire payer aux commerçants une taxe lorsque leurs clients utilisent la carte bleue.

– Taxe sur le fuel maritime et le kérosène.

Cette liste est non-exhaustive mais par la suite, la volonté du peuple sera entendue et appliquée au moyen de la création du système de référendum populaire qui devra rapidement être mis en place.

Députés, faites entendre notre voix à l'Assemblée.
Obéissez à la volonté du peuple.
Faites appliquer ces Directives.

Les Gilets Jaunes

« Cahier des propositions prioritaires des gilets jaunes de Toulouse suivant un questionnaire remis à 465 votants »

Vendredi 14 décembre 2018

1. Instauration du Référendum d'initiative citoyenne (RIC)
2. Chasse accrue à la fraude fiscale et patronale et augmentation des peines en cas de fraude
3. Instauration d'une VIe République par une assemblée constituante populaire
4. Revalorisation du minimum vieillesse et des retraites (Smic minimum)
5. Baisse et encadrement strict du revenu du gouvernement et des élus et justificatifs de leurs frais
6. Égalité femme-homme salariale et parentale
7. Augmentation du Smic et revalorisation du salaire et du RSA
8. Prise en compte réelle du vote blanc
9. Retrait immédiat du glyphosate et des pesticides reconnus nocifs et aide à l'agriculture biologique.
10. Fin du CICE (quarante milliards) et répartition moitié pour la transition écologique, moitié pour l'emploi, etc.

Gilets jaunes, colère noire

Contre la hausse du prix
du cocktail Molotov !

L'Amérique a Donald,
la France a Picsou

Macron, on t'encule pas, la sodomie
c'est entre ami.e.s

Le monde rural oublié

Devoir de mémoire.
1er mai 1891. Fourmies

La politique n'est pas notre combat

Macron, on n'est ni cons
ni des moutons, rends le pognon

Soyons l'étincelle qui met le feu aux
poudres de perlimpinpin

Macron,
ose le referendum

Slogans collectés, du 17 novembre au 26 décembre 2018, sur les murs, pancartes et banderoles

En France, on n'a pas de pétrole, mais en creusant bien, des taxes tu trouveras

Petit monarque Macron
desserre l'étau on étouffe

Manu tu pollues
notre quotidien

On veut payer l'ISF

Jaunes de rage

Klaxonner c'est bien,
nous rejoindre c'est mieux

Qui suis-je ? Je suis un gilet jaune, je suis un bonnet rouge, je suis une blouse blanche, je suis un bleu de travail...

Regarde ta Rolex, c'est l'heure
d'arrêter les conneries

Je vous hais compris

III

Cinquante nuances de jaune

La teinte des gilets
Aurélien Delpirou

Pendant presque six semaines, entre novembre et la fin de l'année 2018, les gilets jaunes ont fait l'objet d'une couverture médiatique exceptionnelle[1]. Alors que les chaînes d'information continue ont relayé comme pour aucun autre mouvement social auparavant – et non sans complaisance – les principaux épisodes de la mobilisation[2], quelques figures médiatiques se sont succédé sur les plateaux de télévision et de radio pour y apporter des éléments d'analyse et d'interprétation. Cette préemption du débat public par un petit nombre d'experts désignés et/ou aux autoproclamés renvoie aux modalités de sélection des intervenants dans les médias, fondées sur les réseaux d'interconnaissance et sur la recherche de « bons clients » récurrents (Van de Velde, 2012).

Naturellement, chacun a envisagé les gilets jaunes à l'aune de sa propre théorie sur l'état de la société française. Certains termes ont fait florès, comme *jacquerie* – qui désigne les révoltes paysannes dans la France d'Ancien Régime – lancé par Éric Zemmour dès le vendredi 16, puis repris par une

1. Une première version de ce texte a été publiée sur le site La vie des idées, le 23 novembre 2018.

2. Posture qui s'est finalement retournée contre elles.

partie de la presse régionale[1], ou *diagonale du vide*, ressorti des manuels scolaires des années 1980 par Hervé Le Bras. De son côté, *Le Figaro* prenait la défense des nouveaux *ploucs-émissaires*, tandis que Christophe Guilluy se présentait en prophète de la *France périphérique* – appelée plus abruptement *cette France-là* par Franz-Olivier Giesbert – et que Nicolas Baverez dissertait sur la revanche des *citoyens de base*.

Au-delà de leur violence symbolique et de leur condescendance, ces analyses répétées *ad nauseam urbi et orbi* disent sans aucun doute moins de choses sur les gilets jaunes que sur les représentations sociales et spatiales de leurs auteurs. Leur vulgarisation n'est pas le fruit d'un consensus scientifique mais d'une consécration médiatico-politique, à l'instar de celle des nouveaux philosophes dans les années 1980 (Bourdieu, 1984).

Aussi, même s'il faudra des enquêtes approfondies et le recul de l'analyse pour comprendre ce qui se joue précisément dans ce mouvement, il semble utile de déconstruire dès maintenant un certain nombre de prénotions qui saturent le débat public. Nous souhaitons ici expliciter quatre d'entre elles, formalisées de manière systématique en termes d'opposition : entre villes et campagnes, entre centres-ville et couronnes périurbaines, entre bobos et classes populaires, entre métropoles privilégiées et territoires oubliés par l'action publique. À défaut de fournir des grilles de lecture stabilisées, la mise à distance de ces caricatures peut constituer un premier pas vers une meilleure compréhension des ressorts et des enjeux de la contestation.

Comme l'indiquait une note des services de renseignement les initiateurs du mouvement des gilets jaunes sont, pour la plupart,

1. Rappelons à toutes fins utiles que la France comptait 1,6 % d'actifs agriculteurs-exploitants en 2016.

originaires d'Ile-de-France, plus précisément de l'agglomération parisienne, soit la partie la plus urbanisée de la région-capitale[1]. Et pour cause : les Franciliens sont au moins autant concernés que le reste des Français par la hausse des dépenses liées à l'automobile. S'ils utilisent un peu moins leur voiture et réalisent des trajets un peu plus courts, ils passent en moyenne soixante-quinze minutes par jour dans leur véhicule, contre quarante-cinq minutes pour les habitants de l'espace rural[2] ! En somme, le budget-temps compense largement les moindres coûts liés aux déplacements, ce qui permet d'expliquer la genèse et l'enracinement de la contestation dans la région parisienne.

Plus largement, la plupart des chercheurs considèrent que l'urbanisation du territoire français est désormais achevée : 61,5 millions de personnes, soit 92 % de la population, vivent aujourd'hui sous l'influence de la ville, selon des modes et des styles de vie urbains. Si la ruralité en tant que support paysager, aspiration sociale et système de valeurs n'a jamais disparu – et fait même l'objet de revalorisations récentes –, les grandes fractures sociales et spatiales s'enracinent désormais au sein du monde urbain. En effet, les grandes villes sont à la fois les lieux privilégiés de concentration des richesses et les points de fixation de la pauvreté : en France, deux tiers des ménages vivant sous le seuil de pauvreté habitent dans les zones denses des grandes villes[3].

Il serait donc erroné d'analyser le mouvement des gilets jaunes comme une jacquerie des populations rurales défavorisées contre des citadins fortunés. Il traduit, au contraire, la multiplicité des interdépendances territoriales et fonctionnelles au sein de vastes

1. À l'instar d'Éric Drouet (Melun), Priscillia Ludosky (Savigny-le-Temple), Laetitia Dewalle (Cergy-Pontoise) ou Thierry-Paul Valette (Paris).

2. Enquête nationale transports et déplacements, 2008.

3. Rapport sur la pauvreté en France, mené par l'Observatoire des inégalités et Compas, 2018.

bassins de vie, où se juxtaposent villes, campagnes, bourgs ruraux revitalisés ou en difficulté, zones d'activités, espaces naturels, centres commerciaux, pôles tertiaires, etc. L'automobile est bien souvent la condition nécessaire de l'accessibilité à ces différents espaces et à la diversité des ressources qu'ils offrent. C'est précisément parce qu'elle permet de maximiser les programmes d'activités et de pratiquer une forme de « zapping territorial » au sein de ces « métapoles » (Ascher, 1997) qu'elle a constitué le déclencheur des revendications des gilets jaunes.

Sur la base des interventions médiatiques de quelques figures charismatiques du mouvement, les gilets jaunes ont été rapidement assimilés aux habitants « relégués » dans les couronnes périurbaines des agglomérations[1]. De manière incontestable, la dépendance à l'automobile augmente avec la distance au centre de la ville. La vie périurbaine entraîne un allongement des déplacements et un usage accru des véhicules motorisés[2]. Cette situation n'est le fruit ni du hasard ni de la fatalité. D'une part, la périurbanisation a été fortement encouragée dans les années 1980 et 1990 – c'est-à-dire après la décentralisation de l'urbanisme – par des maires soucieux de développer par tous les moyens leur commune, quitte à éparpiller dans les périphéries, tout en les séparant les uns des autres, lotissements pavillonnaires, centres commerciaux et même grands services publics (Merlin, 2009). Cette dispersion urbaine, unique en Europe par son ampleur, a également été favorisée par l'État, à travers la multiplication des dispositifs d'accession à la propriété pri-

1. Une commune périurbaine au sens de l'Insee voit au moins 40 % de sa population résidente ayant un emploi travailler dans le pôle urbain dont elle est dans l'aire d'influence.

2. Laurent Cailly, « Existe-t-il un mode d'habiter spécifiquement périurbain ? », EspacesTemps.net, 2008.

vée. Aussi, plutôt que de tenter maladroitement de récupérer le mouvement, les élus nationaux et locaux pourraient commencer par assumer leur responsabilité. D'autre part, les ressorts de l'installation des ménages (mais aussi des entreprises) dans les couronnes périurbaines et les franges rurales des agglomérations sont multiples et complexes : s'éloigner de la ville-centre est toujours le fruit d'un dosage entre choix et contraintes. De fait, toutes les enquêtes récentes[1] soulignent la diversité des profils sociaux et la fluidité des trajectoires résidentielles des habitants périurbains, contredisant radicalement les analyses en termes de « relégation » ou de « sédentarisation ».

La France périurbaine n'est pas un zoo ! Elle est vivante, active, plurielle. Elle crée plus d'emplois que les centres des villes[2], y compris dans des secteurs à forte qualification[3]. Elle accueille, à l'image des représentants charismatiques des gilets jaunes, aussi bien des chefs d'entreprise installés que des ouvriers qui quittent le logement social, des petits commerçants attirés par la faiblesse relative des prix fonciers et immobiliers que des employés du secteur public se rapprochant de leur lieu de travail, des retraités à la recherche d'un cadre de vie villageois (idéalisé ou non) que des jeunes cadres qui ont besoin d'un logement adapté à leur

1. Voir par exemple : Rodolphe Dodier, *Habiter les espaces périurbains*, Rennes, Presses universitaires de Rennes, 2012 ; Violaine Girard, « Sur la politisation des classes populaires périurbaines. Trajectoires de promotion, recompositions des appartenances sociales et distance(s) vis-à-vis de la gauche », *Politix*, n° 101, 2013, p. 183-215 ; Anne Lambert, « Les métamorphoses du périurbain. Des "petits blancs" aux "immigrés" », *Savoir/Agir*, vol. 2, n° 24, 2013, p. 53-60.

2. Plus de 400 000 emplois ont été créés dans les couronnes périurbaines entre 1982 et 2007, tandis que 800 000 actifs supplémentaires travaillaient dans le périurbain pendant la même période (INSEE).

3. Hélène Nessi, Florent Le Néchet et Laurent Terral, « Changement de regard sur le périurbain. Quelles marges de manœuvre en matière de durabilité ? », *Géographie, économie, société*, n° 18 (1), 2016, p. 15-33.

projet familial[1]. À l'échelle nationale, ces périurbains disposent d'un revenu médian annuel plus élevé (20 975 euros) que celui des habitants des villes-centres (19 887 euros[2]).

L'écueil est qu'en dépit de leur vitalité et de leur diversité, voire de leur « maturité[3] », les espaces périurbains continuent d'avoir mauvaise réputation. Depuis les années 1990, en réponse à l'injonction politique de durabilité, ils sont analysés presque exclusivement à travers les prismes dépréciatifs de l'urbanité menacée[4], de la dépendance automobile consommatrice en énergie (Newman, Kenworthy, 1998), de la sécession sociopolitique (Charmes, 2011), de l'insoutenabilité environnementale[5], voire de la laideur architecturale et paysagère (on se souvient de la couverture de *Télérama* en 2010 sur « La France moche »). Ces visions catastrophistes et culpabilisantes ont contribué à alimenter un sentiment de colère parmi les élus et les habitants de ces territoires, dont les gilets jaunes constituent assurément l'une des expressions.

La dimension sociale des gilets jaunes a été largement passée sous silence par les médias. Le recueil des témoignages et les premières enquêtes de terrain à large échantillon tendent à montrer que la plupart des personnes engagées activement dans la protestation sont issues des classes moyennes et des fractions consolidées des classes populaires : infirmiers, travailleurs

1. Jean Rivière, « Trajectoires résidentielles et choix électoraux chez les couches moyennes périurbaines », *Espaces et sociétés*, n° 148-149, 2013, p. 73-90.

2. Source : Insee.

3. « Changement de regard sur le périurbain », *art. cit.*

4. Jacques Lévy, « Périurbain, le choix n'est pas neutre », *Pouvoirs locaux*, n° 56, 2003 p. 35-55.

5. Xavier Desjardins et Lucile Mettetal, « L'habiter périurbain face à l'enjeu énergétique », *Flux*, vol. 3, n° 89-90, 2012, p. 46-57.

sociaux, professeurs des écoles, personnels administratifs de catégorie B des collectivités locales, techniciens de l'industrie, artisans, petits commerçants, employés des services commerciaux ou comptables des entreprises, etc. Ces professions dites « intermédiaires » représentent un quart de l'emploi, un chiffre en croissance. Leur revenu et leur pouvoir d'achat sont plutôt stables depuis vingt ans, tout en demeurant très sensibles aux politiques fiscales et aux effets de conjoncture, y compris aux fluctuations des prix du carburant – qui, comme on le sait, ont allumé la mèche de la contestation. Mais il ne s'agit bien que d'une étincelle : le poids des dépenses liées à l'automobile est stable depuis 1990, au contraire par exemple de celles liées au logement (en augmentation constante, tout particulièrement au centre des villes et pour les ménages les moins aisés) ; le carburant et ses taxes ne représentent qu'un quart de ces dépenses, une part bien moindre que celle liée aux assurances et à l'entretien. Ainsi la révolte semble-t-elle s'enraciner, de manière beaucoup plus profonde, dans le double sentiment d'une fragilisation généralisée du pouvoir d'achat et d'une injustice sociale dans les efforts fiscaux demandés aux ménages par le gouvernement.

Par ailleurs, les 20 % de Français non motorisés demeurent un impensé. Ceux-ci ne se résument pas aux bobos des métropoles ; il s'agit en majorité de jeunes ménages sans qualification et sans emploi, qui ne sont pas en mesure d'assumer les coûts liés à la possession d'un véhicule motorisé et sont de ce fait entièrement « captifs » des transports en commun[1]. Or, ce qui différencie le plus les classes populaires entre elles est l'accès ou non à

1. Lionel Rougé, « Les "captifs" du périurbain. Voyage chez les ménages modestes installés en lointaine périphérie », *in* Guénola Capron, Hélène Guétat-Bernard et Geneviève Cortès (dir.), *Liens et lieux de la mobilité*, Paris, Belin, 2005, p. 129-144.

un emploi stable, dont l'automobile est une condition très souvent nécessaire. Ces ménages comptent parmi les destinataires des mesures d'aide à la mobilité élaborées en urgence par le gouvernement. Mais tout indique qu'ils n'ont pas participé massivement aux manifestations ! Aussi, ces annonces pourraient avoir des effets contre-productifs sur le mouvement des gilets jaunes, dont plusieurs représentants ont indiqué leur refus d'être assimilés aux « assistés » bénéficiant des aides sociales de l'État. Ce discours a d'ailleurs été repris par certaines figures politiques nationales, comme Laurent Wauquiez : étrange posture que celle qui consiste, dans le même temps, à envisager la *redistribution sociale* envers les familles les plus précaires comme une forme d'assistanat et à exiger plus de *redistribution spatiale* envers les territoires les plus défavorisés. Comme si ceux-ci existaient en tant que tels, en dehors de leur population.

Enfin, plusieurs commentateurs ont analysé le mouvement des gilets jaunes comme la conséquence de politiques publiques à deux vitesses, qui privilégieraient de manière systématique les espaces métropolitains dynamiques au détriment du reste de la France. De fait, la concentration des moyens de l'aménagement du territoire en direction des grandes villes est une tendance marquante des vingt dernières années. Celles-ci ont bénéficié de grands projets de renouvellement urbain, aussi bien dans les centres (gares, tramways) que dans les quartiers de la politique de la ville (rénovation urbaine) et les périphéries proches (pôles de compétitivité). Mais cette évolution est intervenue après cinq décennies de politiques dites de « rééquilibrage territorial » destinées à contenir le développement de la région parisienne et à revitaliser par la décentralisation le « désert français » (Gravier, 1947). Par ailleurs, des actions spécifiques continuent à être menées en faveur des espaces ruraux au nom des handicaps structurels qui les pénalisent dans la concurrence territoriale. C'est plutôt dans l'« entre-deux territorial » que constituent les villes petites et moyennes et, dans une moindre mesure, les franges des agglomérations que l'action publique s'est déployée de manière lacunaire et velléitaire.

Ces territoires ne sont pourtant pas dans une situation d'abandon politique et social : ils bénéficient d'une forte représentativité au Parlement (bien supérieure à celle des banlieues des grandes agglomérations, par exemple), de structures de gestion et de projet dont les compétences ont été renforcées par les évolutions législatives récentes, de nombreuses initiatives citoyennes et même, en dépit de contraintes croissantes, de leviers de financement non négligeables (aides de l'Union européenne, contrats de plan, dispositifs de défiscalisation). Le véritable écueil est qu'ils n'ont jamais fait l'objet de politiques *ad hoc*. Ainsi, dans le périurbain, l'action publique s'est focalisée sur les moyens de lutter contre le processus d'étalement urbain, au risque d'oublier les espaces qui en sont la conséquence. Les politiques de transport offrent une illustration frappante de cet impensé : historiquement conçues pour améliorer l'accessibilité des centres et désenclaver les banlieues, elles sont peu opérantes pour prendre en charge les déplacements individuels dans les périphéries[1]. Dans les villes petites et moyennes également, qui sont loin d'être toutes « perdantes » dans la mondialisation[2], les solutions sont encore trop souvent dupliquées de celles mises en œuvre dans les métropoles et inadaptées aux contextes locaux[3]. Aussi, plutôt que d'engager la

1. Marie-Hélène Massot (dir.), *Mobilités et modes de vie métropolitains. Les intelligences du quotidien*, Paris, L'Œil d'Or, 2010, p. 93-100.

2. Guy Baudelle et Josselin Tallec, « Les villes moyennes sont-elles les perdantes de la mondialisation ? », *Pouvoirs locaux*, n° 77, 2008, p. 89-94.

3. Daniel Béhar, « Villes moyennes. Bricolage stratégique et obligation d'innovation », *Urbanisme*, n° 378, 2011, p. 50-51.

bataille sur le terrain de la victimisation, l'enjeu est de créer les conditions de formalisation et de mise en œuvre de politiques innovantes susceptibles de concilier localement choix résidentiels, contraintes économiques et sobriété écologique.

Finalement, en diffusant des sociologismes simplistes ou infondés au détriment de l'analyse et de la controverse argumentées, les autoproclamés spécialistes ès gilets jaunes prennent le risque de passer à côté des véritables enjeux, sinon de souffler sur les braises du mouvement. Opposer, comme le font implicitement ces commentateurs, « automobilistes périurbains » et « privilégiés des centres », « bons pauvres » et « mauvais pauvres », territoires « gagnants » et espaces « abandonnés », permet peut-être de fournir quelques clés de lecture rassurantes – et aussi de réduire le nombre de ceux (espaces ou habitants) qui *méritent* d'être aidés. Mais cela n'a jamais réglé leurs problèmes. C'est à la fois une nouvelle façon de penser le politique – rompant avec la fascination pour une proximité idéalisée – et un renouvellement profond des enjeux, des catégories et des modalités des politiques publiques territoriales qu'il convient de mettre à l'ordre du jour.

Aurélien Delpirou est maître de conférences à l'École d'urbanisme de Paris (université Paris-Est) et chercheur au sein du laboratoire Lab'Urba. Ses travaux portent sur l'articulation entre politiques de mobilité et politiques urbaines dans les grandes villes d'Europe. Il a récemment publié « Le tramway comme projet urbain », dans le recueil de Sébastien Gardon, *Quarante ans de tramways en France. Controverses et réalisations* (Libel, 2018).

De l'algorithme des pauvres gens à l'Internet des familles modestes

Olivier Ertzscheid

Facebook a été un puissant relais de la mobilisation des gilets jaunes[1]. Le mouvement n'y est peut-être pas « né », mais il y a largement incubé. Facebook a également été la ligne Maginot de toutes les cristallisations de ce qu'autrefois on appelait « l'opinion » et dont il est désormais l'antichambre et le gueuloir. Selon que vous soyez pro- ou anti-gilets jaunes, selon la sociologie de vos liens forts et de vos liens faibles au sein de la plateforme bleue, vous y aurez tantôt aperçu « les gilets jaunes contre les médias », tantôt « les médias contre les gilets jaunes ». Dans un camp comme dans l'autre, les mêmes armes virales : montages d'images ou de citations tronquées, mèmes et mix d'infos et d'intox en tous genres. Une seule certitude : « certains gilets jaunes » ont autant raconté n'importe quoi sur « certains médias » que « certains médias » ont raconté n'importe quoi sur « certains gilets jaunes ».

Tandis que Bernard-Henri Lévy ne retient que le « poujadisme » des gilets jaunes et que son *community manager* doit affronter les répliques qui suivent immanquablement ce genre

1. Une première version de ce texte a été publiée sur le blog de l'auteur le 30 novembre 2018.

de déclaration sur Twitter, la vidéo (également surréaliste) de l'humoriste et comédien Franck Dubosc en soutien au mouvement tourne à près de 3 millions de vues. C'est ce que l'on appelle « la sociologie des publics ». Et BHL et Franck Dubosc connaissent parfaitement leurs publics.

Nombre de sociologues commencent à produire des analyses de terrain du mouvement des gilets jaunes sur le mode de l'observation participante[1]. Et pour faire simple, ils s'accordent à reconnaître que : « À plus grande échelle, on parle d'un mouvement interclassiste, ce qui le discrédite aux yeux de certains à gauche qui y voient un éparpillement. Mais sociologiquement, il y a une cohérence globale dans les profils rencontrés, car les "gilets jaunes" sont centrés dans la zone "en bas à droite" de l'espace social si l'on prend une grille de lecture bourdieusienne, c'est-à-dire des classes populaires aux classes intermédiaires plutôt peu diplômées et exerçant des métiers manuels. Ce sont des personnes qui ont des goûts proches, qui se côtoient au quotidien, sont en accord dans leurs visions du monde. Les proximités sociales ne sont pas réductibles aux classes "sur le papier" (pour parler comme Bourdieu), mais plutôt à des positionnements proches dans l'espace des "styles de vie" », ainsi que le résume le sociologue Benoît Coquard.

Une étude de chercheurs toulousains en sciences de l'information et de la communication[2] a analysé le vocabulaire uti-

1. L'observation participante est une méthode ethnologique et sociologique qui consiste à étudier une société, un collectif ou un mouvement social ou politique en s'y immergeant et en s'en faisant accepter par ses membres.

2. Brigitte Sebbah, Nikos Smyrnaios, Natacha Souillard et Laurent Thiong-Kay, « Les gilets jaunes, des cadrages médiatiques aux paroles citoyennes », rapport de recherche préliminaire du 26 novembre 2018. Laboratoire d'études et de recherches appliquées en sciences sociales, Axe Médias et médiations socio-numériques de l'université de Toulouse.

lisé par les pages Facebook des gilets jaunes pour faire voler en éclats quelques représentations médiatiques présupposant un racisme qui est largement absent de l'analyse des discours et publications tenus sur les pages Facebook des gilets jaunes. « Très faible occurrence du vocabulaire raciste », « quasi-absence de terminologie d'extrême droite », des gilets jaunes conscients des enjeux écologiques, bref, « un phénomène dont la nature n'est pas si hétérogène ni si hermétique aux enjeux publics » que l'écrivent nombre de médias.

Réalisée dans l'urgence, cette étude ne suffit bien sûr pas à caractériser finement la nature d'interactions ici uniquement mesurées lexicalement au moyen de leurs occurrences. Mais elle a déjà le mérite d'exister (et d'être diffusée et accessible) et d'offrir un angle de vue aussi pertinent que différent. Elle confirme par ailleurs l'intuition de la cohérence d'un mouvement souvent improprement qualifié de « disparate ».

Certains journaux, comme *Le Parisien*[1], ont préféré mettre en valeur des profils de « porte-parole » du mouvement dont plusieurs sont proches – par les contenus qu'ils partagent – d'une idéologie d'extrême droite, même si d'autres sont d'anciens syndicalistes de la CFDT ou des « soutiens » de François Ruffin. Sur les huit « portraits » choisis par *Le Parisien,* six penchent très clairement vers l'extrême droite et viennent donc étayer une doxa médiatique qui n'a rien de sociologiquement fondé et relève davantage d'une forme de *storytelling* et/ou d'une forme de paresse journalistique qui documente volontiers ce qui n'ébranle pas ses propres certitudes (pour éviter toute dissonance cognitive avec ses propres représentations et également avec celles de son public supposé).

1. Cyril Simon, « On a épluché les profils Facebook des porte-parole des Gilets jaunes », *Le Parisien*, 28 novembre 2018.

Des commentateurs ont soit noté, soit moqué, les publications truffées de fautes d'orthographe et de syntaxe qui émaillaient les messages de mobilisation ou d'exaspération des gilets jaunes. Beaucoup ont aussi relevé leur propension à relayer des infos en provenance de sites parodiques comme s'il s'agissait de vérités établies.

Le journaliste Jules Darmanin expliquait, sur son compte Twitter, le 17 novembre : « Les gilets jaunes se sont constitués grâce aux groupes Facebook, il est donc logique qu'ils finissent comme des groupes Facebook : mal modérés, pourris par des éléments toxiques et remplis de gens qui ont des visions différentes pour le même groupe. »

Un autre journaliste, Vincent Glad, note, dans un article de *Libération* du 30 novembre 2018, intitulé « Dans le combat final des gilets jaunes, Jupiter va affronter des modérateurs Facebook », la défiance parmi les gilets jaunes envers le discours des médias traditionnels : « ces Facebook Live, et plus largement toutes les vidéos qui circulent sur le réseau, apparaissent comme le seul média fiable. [...] ». Il poursuit en pointant le décalage des gilets jaunes « entre le ton posé de ces Facebook Live, fascinants moments de débat public, et la violence parfois affligeante des commentaires ».

Vincent Glad revient aussi sur l'évolution récente de l'algorithme du réseau social : « Contrairement à ce que pensent les gilets jaunes, persuadés que Macron les censure par l'entremise de Facebook, leur meilleur allié s'appelle Mark Zuckerberg. Le mouvement a été sans conteste aidé par le nouvel algorithme Facebook qui survalorise les contenus de groupes au détriment des contenus postés par des pages (et donc par les médias). Après quelques *likes* sur un groupe, on se retrouve submergé du contenu de ce groupe dans son fil d'actualité. Le nouvel algo a précipité les gilets jaunes dans une "bulle de filtre" où ils ne voient presque plus que du contenu jaune. »

Le patron de Facebook a en effet pensé la fonctionnalité Groupes comme une manière de désenclaver l'Amérique périphérique : « Je vais aller dans une église et le prêtre va me dire : "Je sais que si une usine ferme dans ma ville, je vais faire de l'aide psychologique pour de nombreuses personnes le mois suivant." Quelqu'un doit s'occuper de cela. Les structures qui aidaient les gens sont en train de disparaître[1]. »

Et Vincent Glad de conclure : « Les *admins* de groupe Facebook, dont les prérogatives ne cessent d'être augmentées par Zuckerberg, sont les nouveaux corps intermédiaires, prospérant sur les ruines des syndicats, des associations ou des partis politiques. Ayant méticuleusement fait disparaître ces courroies de transmission entre lui et le peuple, Emmanuel Macron se retrouve maintenant en frontal face à des *admins* de page Facebook. »

« L'algorithme des pauvres gens » : tel est le titre que j'avais choisi pour qualifier la nature du changement du modèle algorithmique du « News Feed » de Facebook. Un algorithme donc, qui, à l'instar de la chanson de Léo Ferré, surexpose les interactions et « les mots des pauvres gens ».

Avec l'effondrement des corps intermédiaires (syndicats et partis politiques notamment), avec la désarticulation totale des rythmes sociaux (entre rythme de nos vies familiales et celui de nos vies professionnelles), et avec la multiplication et la prégnance des écrans et des pratiques connectées substitutives à la sociabilité physique, « l'algorithme des pauvres gens » n'est pas

1. « Mark Zuckerberg Gives Facebook a New Mission », entretien avec Kathleen Chaykowski, *Forbes*, 22 juin 2017.

simplement un changement technique. Il dessine en creux un changement de sociabilité. Et à l'échelle du nombre d'utilisateurs de la plateforme, il serait fou de ne pas y voir le terreau d'un changement de société ou à tout le moins de la manière et des moyens de « faire société ».

D'autant que dans l'esprit du fondateur de Facebook, le projet qui sous-tend ce changement est bien un projet politique. Dans son adresse à la nation des utilisateurs publiée en février 2017, Mark Zuckerberg avait en effet explicité son intention de bâtir deux types « d'infrastructures sociales » : « La première pour encourager l'engagement dans les processus politiques existants », notamment l'appel à aller voter pour lutter contre l'abstention. « La seconde pour établir de nouveaux processus participatifs dans des prises de décisions collectives pour les citoyens du monde. Notre monde est plus connecté que jamais, et nous faisons face à des problèmes globaux qui dépassent les frontières nationales. En tant que première communauté mondiale, Facebook peut explorer et développer des projets de gouvernance citoyenne renouvelée à une échelle massive. »

Nous y sommes. Mark Zuckerberg poursuivait :

> En plus d'encourager le vote, la meilleure opportunité qui nous est offerte est de permettre aux gens d'être impliqués (*engaged*) avec les sujets de tous les jours qui les préoccupent, et pas simplement lors des périodes électorales. Nous pouvons aider à établir un dialogue direct et responsable entre les gens et leurs représentants élus. [...] De la même manière que la télévision fut le premier média pour la communication politique (*civic communication*) dans les années 1960, les médias sociaux le seront pour le XXIe siècle. [...] De la place Tahrir au Tea party [*sic*], la communauté organise ces mobilisations en

utilisant notre infrastructure pour l'organisation d'événements ou le lancement de groupes de discussion.

Cet algorithme des pauvres gens est le pendant de *L'Internet des familles modestes* étudié par la sociologue Dominique Pasquier[1]. Les gilets jaunes investissent Facebook car il est leur média. Ils ont de Facebook un usage serviciel qui est un usage de classe. Et se situe à des années-lumière du prisme de l'observation élitiste consistant à pointer, ici, l'orthographe comme convenance sociale ou à noter, là, le manque de discernement dans la reprise d'informations de sites parodiques. De BHL à Franck Dubosc, des plateaux de BFM aux Facebook Live de groupes de discussion, il existe des usages « de classe » de l'Internet et du Web. Une sociologie des possédants et des dépossédés que l'on a longtemps crue absente de ce « média » supposé faire fonction de « village global » et de substitut immanent au rêve égalitaire.

À la place d'un village global, nous avons en effet des jardins fermés coercitifs dans la densité attentionnelle qu'ils structurent et organisent, et dont le P-DG de Facebook ne fait pas mystère de vouloir constituer des « infrastructures sociales » appelées à accompagner le processus de consultation et de décision politique pour pouvoir ensuite s'y substituer.

Ces « nouvelles infrastructures – techniques – sociales » sont, de fait, les seules dimensionnées pour collecter et agréger à la fois la parole et les colères de populations déclassées et en situation de pauvreté ou de souffrance sociale. Or ces populations ont un usage des dispositifs numériques qui est à des années-lumière des usages de classes sociales plus favorisées.

1. Dominique Pasquier, *L'Internet des familles modestes. Enquête dans la France rurale*, Paris, Presses des Mines, 2018.

Dans les familles modestes, Facebook est une métonymie structurante du rapport global à la connexion : « Non seulement Internet est là, mais c'est comme s'il avait toujours été là ! C'est très frappant. Les femmes m'ont raconté : "Le matin, je me lève, je prends mon café et je lis mes notifications Facebook." C'est déjà ritualisé alors que c'est très récent. Je pensais que ça continuait à être vécu comme quelque chose de compliqué. Mais en fait, c'est totalement fluide », explique ainsi Dominique Pasquier dans un entretien au journal *Libération*.

La question de l'ergonomie est, particulièrement pour ces familles modestes, un facteur décisif d'adoption ou de rejet : « Ce sont des personnes qui se promènent sur Le Bon Coin avec une grande aisance, elles n'y ont aucun problème d'interface, et dès qu'elles se retrouvent sur le site de Pôle emploi ou de la CAF, c'est l'horreur. Ce sont d'énormes problèmes d'ergonomie, et il y a une grosse responsabilité de la part des pouvoirs publics », poursuit la sociologue.

Tout comme le sent le rapport souvent difficile à l'écrit et le fait de privilégier naturellement des espaces discursifs dans lesquels la faute d'orthographe ne sera pas perçue comme un stigmate culturel. Car on écrit beaucoup, aussi, dans l'Internet des familles modestes. Mais pas par mail, dont l'usage reste « plus protocolaire que les messages laissés sur Facebook », ajoutait-elle encore.

Dans l'Internet des familles modestes, la bulle de filtre est également plus forte et le déterminisme algorithmique plus dense que pour les usages bourgeois qui incluent souvent des liens faibles pour alimenter une impression de diversité qui fonctionne essentiellement comme un alibi cognitif. Dominique Pasquier explique : « On comprend assez vite que les interactions en ligne sont des échanges qui restent dans l'entre-soi social. Avec quelques spécificités. Par exemple, on échange très peu sur son activité professionnelle, contrairement aux classes moyennes et supérieures. » Et comme Facebook est fort et subtil à la fois dans la manière qu'il a de nous éviter toute forme de dissonance cognitive, l'entre-soi social est doublement renforcé.

L'Internet des familles modestes se distingue aussi par une « recherche de consensus avec un objectif de réassurance sur la morale commune » qui semble bien plus marqué que dans l'Internet des familles bourgeoises. Une réassurance qui passe notamment par les « panneaux » qui fascinent Dominique Pasquier. Dans un entretien donné au site InternetActu[1], elle indique :

> Ce qui circule sur Facebook, ce sont essentiellement des citations morales, des images, des dessins… des « panneaux » qui proviennent d'ailleurs. L'enjeu n'est pas tant de discuter du contenu de ces messages que de demander à ses amis s'ils sont d'accord avec le fait que ce qui est mis en ligne me reflète moi ! Le but est plus une recherche de consensus. On s'empare de ces messages pour dire qu'on s'y reconnaît et on demande aux autres s'ils nous y reconnaissent. Ces partages se font avec des gens qu'on connaît. On ne cherche pas à étendre sa sociabilité.

Ne pas comprendre ces usages de classe, tant du côté de l'Internet des familles modestes que de celui – beaucoup plus étudié – des familles bourgeoises, c'est ne pas comprendre non plus les aristocraties algorithmiques de la publication.

Les algorithmes qui distribuent, hiérarchisent et rendent visible ou invisible la parole sont essentiellement pensés, conçus

1. « L'Internet des familles modestes. Les usages sont-ils les mêmes du haut au bas de l'échelle sociale ? », entretien avec Hubert Guillaud, InternetActu, 21 septembre 2018.

et interfacés par des classes bourgeoises éduquées. Souvenez-vous que Facebook dispose d'un brevet de détection de notre classe sociale qui finira par déclencher la lutte algorithmique finale. Le 1er février 2018, Facebook a en effet obtenu la publication d'un brevet déposé en juillet 2016 permettant de prédire le « groupe socio-économique » d'un utilisateur pour permettre aux « tierces parties » (c'est-à-dire aux annonceurs) d'améliorer leur ciblage publicitaire…

À chaque étape de l'histoire de l'Internet et du Web, il a existé une aristocratie de la publication. Seuls certains, seuls les plus éduqués, seuls ceux disposant de suffisamment de temps libre, seuls ceux protégés par une institution ou une situation sociale stable se sont exprimés, d'abord sur leurs « forums IRC », puis sur leur *Homepage*, puis sur leurs « blogs », etc. Et à chaque fois que l'on a essayé d'ouvrir l'espace discursif du Web à un tiers état de la parole, on lui a rapidement claqué la porte au nez. Trop bruyant, trop bavard, trop indiscipliné, trop « troll ». C'est ce qui arriva – notamment – quand la presse découvrit les forums de discussion ouverts à la suite des articles en ligne et voulut en faire un modèle conversationnel.

Comme le dit Benjamin Bayart, militant de la neutralité et de la liberté du Net : « L'imprimerie a permis au peuple de lire, Internet va lui permettre d'écrire. » Mais, comme pour la lecture, le peuple, le peuple « modeste », ne disposait pas d'un espace d'écriture à son image. Tout comme le peuple hésite souvent à se rendre en médiathèque ou en bibliothèque parce qu'il ne s'y sent pas légitime ou qu'il en ignore les codes et les usages. C'est cet espace d'écriture que Facebook a offert au peuple. Un espace confiné, confinant, mais aussi un espace confiant, un espace confident.

Et même si l'architecture technique toxique de la plateforme transforme toute proximité en promiscuité, qu'importe puisque les familles modestes et les familles bourgeoises n'ont pas la même perception de la promiscuité car elles n'en ont ni la même expérience ni le même vécu. Là encore Dominique Pasquier montre à quel point ce rapport à la promiscuité et donc à l'intimé et au « privé » (ou à la « vie privée ») est différenciant dans les usages des familles modestes :

> Les familles disposent bien souvent d'une seule adresse mail partagée. C'est un moyen de tenir un principe de transparence familial… et de surveillance : une femme ne peut pas recevoir de courrier personnel. Ce principe de transparence se retrouve également dans les comptes Facebook, dans les SMS… La famille intervient sur les comptes de ses membres, on regarde les téléphones mobiles des uns et des autres. On surveille ce qu'il se dit. Les familles modestes ne voient pas de raison à avoir des outils individuels[1].

Facebook est en cela intéressant que, dans la manière dont il est investi aujourd'hui par ces familles modestes que sont les gilets jaunes, il produit une forme paradoxale d'émancipation par l'accession à un espace discursif, médiatique, organisationnel et situationnel dont ces gens-là se retrouvaient privés depuis l'effondrement des corps intermédiaires supposés les représenter.

Et même si je reste convaincu, avec l'écrivaine et technosociologue turque Zeynep Tufekci, que Facebook, comme les autres réseaux sociaux, « permet d'organiser des révolutions sociales autant qu'il en compromet la victoire », le mouvement des gilets jaunes vient en tout cas bousculer l'ordre discursif

1. *Ibid.*

du monde autant qu'il révèle la place éminente de la plateforme dans le dispositif bourdieusien : plutôt en bas, à droite.

La plateforme se trouve, tout comme le mouvement des gilets jaunes et l'avenir politique de nos démocraties, en équilibre sur un fil de plus en plus ténu. D'un côté, il y a l'ensemble des populismes qui n'attendent qu'une étincelle supplémentaire pour embraser des continents entiers. Et de l'autre, il y a la possibilité offerte d'un renouveau démocratique qui n'adviendra que s'il est capable de s'affranchir des dispositifs technologiques qui ont en partie refondé sa capacité d'espérance.

Parmi les premiers livres achetés à mes enfants à l'approche de l'école se trouvait le classique de la littérature jeunesse *Petit-Bleu et Petit-Jaune*, de Leo Lionni. Aujourd'hui, nous avons une grande population jaune sur une grande plateforme bleue. À la fin, petit-bleu et petit-jaune s'aiment et se mélangent pour donner naissance à petit-vert. J'ignore si le vert qui naîtra de l'union des gilets jaunes et de la plateforme bleue sera celui de l'écologie ou de la rage (« vert de rage »). Je sais juste que tout cela est passionnant à observer derrière son écran, mais que ce qui est en train de s'y construire et de s'y déliter conditionnera pour une large part les (infra)structures politiques et sociales que nous laisserons à nos enfants…

Olivier Ertzscheid est enseignant-chercheur en sciences de l'information et de la communication à l'université de Nantes, auteur de *L'Appétit des géants. Pouvoir des algorithmes, ambitions des plateformes* (C&F éditions, 2017) et animateur du blog www.affordance.info qui observe la nouvelle écologie cognitive qui se tisse dans le cyberspace du Web et des plateformes.

Les « petits-moyens » prennent la parole

Isabelle Coutant

Ce que j'entends[1], au-delà de la diversité interne au mouvement des gilets jaunes, et quelques semaines après le déclencheur – la réaction à l'augmentation de la taxe sur les carburants –, c'est notamment : « Je veux pouvoir vivre de mon travail dignement. » C'est aussi une indignation morale, au-delà des revendications matérielles, face à des inégalités qui deviennent insupportables. Et une demande de considération bien plus globale.

Dans ce mouvement se fédèrent une partie des classes populaires (employé.e.s, ouvriers, artisans) et des petites classes moyennes (techniciens, professions intermédiaires, petits entrepreneurs), celles qu'avec mes collègues Marie Cartier, Olivier Masclet et Yasmine Siblot nous avons désignées par le terme « petits-moyens[2] ». Nous avons repris cette catégorie d'une enquêtée, lors d'une recherche collective sur un quartier pavillonnaire de Gonesse, en Ile-de-France, de 2004 à 2007. Cette

1. Texte initialement paru dans *Le Monde* du 6 décembre 2018.

2. Marie Cartier, Isabelle Coutant, Olivier Masclet et Yasmine Siblot, *La France des petits-moyens. Enquête sur la banlieue pavillonnaire*, Paris, La Découverte, 2008.

femme disait, pour se situer socialement, et situer ses voisins, également propriétaires de leurs pavillons : « Nous on est des petites gens. Pas petits-petits, mais petits-moyens. »

À travers cette enquête, les habitants de ce quartier pavillonnaire exprimaient un désir de « respectabilité » et la crainte du déclassement, si ce n'est pour eux, tout du moins pour leurs enfants. En trajectoire de légère ascension par rapport aux milieux populaires (de province pour les plus vieux, de cité pour les plus jeunes) d'où ils étaient originaires, ils aspiraient essentiellement à « vivre comme tout le monde » et se sentaient fragilisés par les évolutions économiques et sociales. Ce sentiment se traduisait à l'époque par un souci de distinction vis-à-vis des habitants des cités d'habitat social (« ceux du bas »).

Ce qui ressort du mouvement des gilets jaunes, tout du moins tel qu'il est relayé par les médias, c'est que l'opposition se structure progressivement contre « ceux du haut ». De ce point de vue, les classes populaires et les petites classes moyennes réalisent sans doute à travers ce mouvement qu'elles ont plus en commun que ce qui les différencie.

Il existe certes des différences entre les uns et les autres en termes de conditions de travail et de rémunération, ne serait-ce qu'entre qualifiés et non qualifiés, ruraux et urbains, hommes et femmes… Mais ces différences sont moindres que les écarts qui les séparent des catégories les plus favorisées[1].

Lors d'une autre recherche dans le quartier populaire et multiculturel de la place des fêtes à Paris, à l'été 2015, et sur un autre thème que les impôts, qui était celui de la crise migratoire, j'ai été amenée à réaliser des entretiens avec cette même

1. Marie Cartier, Isabelle Coutant, Olivier Masclet, Nicolas Renahy et Yasmine Siblot, *Sociologie des classes populaires contemporaines*, Paris, Armand-Colin, 2015.

fraction de la population, sans doute moins concernée par la question des taxes sur le carburant du fait de son usage des transports en commun parisiens, mais tout autant par celle des fins de mois difficiles[1].

L'occupation d'un ancien lycée désaffecté par des centaines de migrants, sous leurs fenêtres, a été, tout comme la taxe carbone pour les gilets jaunes, la goutte d'eau qui a fait déborder le vase. Le rejet des nouveaux arrivants, par des habitants qui étaient parfois eux-mêmes immigrés ou issus de l'immigration, n'était pas synonyme de xénophobie la plupart du temps, tout comme le rejet de la taxe carbone n'est pas un rejet de l'écologie, mais à mettre en relation avec leur propre situation sociale. « Nous, on n'est pas contre tous ces gens qui arrivent, tout le monde a le droit d'avoir le soleil sur son paillasson mais on a déjà nos problèmes à nous », disait une ancienne ouvrière.

Les retraites et les petits salaires ne suffisent pas toujours à subvenir aux besoins une fois le loyer payé. Ces habitants se sentaient méprisés de la part des pouvoirs publics qui toléraient un squat de migrants dans un quartier comme celui-là, déjà en difficulté. Aides-soignantes, aides à domicile, coiffeuses, certaines femmes avaient l'expérience des « beaux quartiers » de par leur travail, et elles constataient les différences : « Pourquoi c'est toujours ici qu'on met les problèmes ? Pourquoi ils en prennent pas un peu ? Ils se sentiraient dégradés… », disaient-elles : « D'accord on n'a pas fait Saint-Cyr, mais on n'est pas bêtes, on sait raisonner… »

Au-delà des différences entre monde rural et monde urbain, dont il a beaucoup été question dans les commentaires autour du mouvement des gilets jaunes, quelque chose de commun s'exprime concernant les conditions de vie au sein d'une fraction

1. Isabelle Coutant, *Les Migrants en bas de chez soi*, Paris, Seuil, 2018.

de la population qui commence peut-être à prendre conscience d'elle-même en tant que groupe. Et qui indique qu'on ne pourra pas résoudre la crise écologique, tout comme la crise migratoire, sans lutter contre les inégalités.

Isabelle Coutant est sociologue au CNRS (Iris), spécialisée en ethnographie urbaine. Elle a mené plusieurs enquêtes, individuelles ou collectives, autour des quartiers populaires d'Ile-de-France depuis la fin des années 1990, dont *Les Migrants en bas de chez soi* (Seuil, 2018).

Chaque fin de mois, la fin du monde

Michaël Fœssel

Les gilets jaunes ont remporté quelques victoires, certaines d'entre elles sont sémantiques[1]. Leur apparition dans l'espace public a redéfini le sens des mots qui s'y échangent. Là où il n'était question que d'efficience, ils ont parlé de justice ; là où la pauvreté n'était plus envisagée que comme un fait statistique, ils ont fait paraître des corps ; là où le réel était censément rationnel, ils ont exprimé l'absurdité de leurs propres situations sociales.

Les gilets jaunes sont aussi parvenus à reformuler le problème si présent aujourd'hui de l'apocalypse. Grâce à eux, la distinction introduite par Nicolas Hulot entre les « fins de mois » difficiles et la « fin du monde » désormais prévisible à courte échéance pour des raisons climatiques a rencontré un écho imprévu. Au point d'être reprise par un président de la République plus soucieux jusque-là, du moins dans ses discours destinés à la planète, de catastrophes écologiques que d'égalité sociale. Le rappel de Hulot est clair, il semble indiscutable. Il faut trouver les moyens d'articuler la question sociale (les « fins de mois ») et les menaces écologiques (la « fin du monde »).

1. Une première version de ce texte a été publiée dans *Libération*, le 6 décembre 2018.

Cela implique de toute évidence de revoir à la baisse nos habitudes de consommation.

Le problème vient de ce que, dès que l'on évoque la « fin du monde », on opère une montée aux extrêmes qui rend les autres problèmes secondaires. La disparition de l'humanité est une préoccupation universelle, tandis que la baisse du pouvoir d'achat ne concerne qu'une partie de la population, même si elle est devenue majoritaire. Qu'est-ce que la fin de mois difficile d'un gilet jaune à côté de l'effondrement programmé de la civilisation ou le collapse de l'humanité elle-même ? La réponse se trouve dans la question puisque, pour une fois à égalité avec les riches, les gilets jaunes seront victimes de la fin du monde. Hobbes pensait que la peur de la mort est à ce point universelle qu'elle fonde l'égalité de nature en les hommes. Ce qui est vrai de la mort individuelle l'est *a fortiori* d'une mort collective : à l'aune d'une disparition instantanée du genre humain, il semble ne plus y avoir ni hommes, ni femmes, ni jeunes, ni vieux, ni riches, ni pauvres. Seulement des êtres égaux dans leur vulnérabilité radicale.

Nicolas Hulot n'a certainement pas voulu dire qu'entre deux maux, il faut savoir choisir le moindre. En l'occurrence, il n'a pas affirmé qu'il fallait que des Français déjà appauvris consentent à voir leur niveau de vie baisser encore pour sauver la planète. Mais chaque fois que l'on convoque l'apocalypse, la tentation est grande d'effacer les soucis de la vie quotidienne. Se plaindre de ses fins de mois difficiles la veille de la fin du monde paraît un peu dérisoire. Que peut-on bien faire de l'argent qui reste sur son compte courant si le monde est condamné à disparaître de manière imminente ?

On peut formuler la difficulté différemment : pour que les richesses soient mieux réparties à l'avenir, encore faut-il qu'il y ait un avenir. Jusque-là, cela paraît évident. De là à dire que le sauvetage du monde implique de remettre à demain le problème des fins de mois difficiles, il n'y a qu'un pas. Pourtant le problème est que l'argument est parfaitement réversible : on pourrait tout aussi bien dire que c'est précisément parce que « demain » n'est pas garanti qu'il ne faut plus attendre une minute de plus. La foi dans l'imminence de l'apocalypse a toujours été accompagnée de comportements contradictoires. D'une part des conduites anomiques et violentes liées au fait que l'imminence de la fin autorise tous les excès. D'autre part, une immense exigence de justice afin de rattraper le temps perdu dont on sait, désormais, qu'il est perdu pour toujours. La limite de l'opposition mise en avant par Nicolas Hulot vient donc de ce qu'il existe un rapport entre les fins de mois difficiles et l'expérience de la fin du monde. Depuis plusieurs millénaires, les croyances apocalyptiques sont, pour l'essentiel, des croyances de pauvres. Qu'en raison du réchauffement climatique, la fin du monde ne soit plus une affaire de foi superstitieuse mais une prévision d'experts parfaitement rationnels ne change pas fondamentalement la donne. Dans tous les cas, ceux qui peinent à finir leurs fins de mois ont déjà une certaine expérience de l'apocalypse.

Pierre Bourdieu a très bien expliqué ce phénomène dans les *Méditations pascaliennes*[1]. À partir d'études effectuées dans les bidonvilles du Brésil, il s'est demandé pourquoi les « plus pauvres des pauvres » étaient aussi les plus susceptibles de désirer l'imminence de la fin du monde. Le sociologue montre que l'absence radicale de capital symbolique (non seulement le manque d'argent, mais le déni de reconnaissance sociale) forge des « individus sans avenir ». Pour les gens installés dans la société, la vie est rythmée par des impératifs d'horaires, un emploi du temps qui fait qu'ils sont attendus quelque part, par quelqu'un et à une heure précise. Souvent ces exigences

1. Pierre Bourdieu, *Méditations pascaliennes*, Paris, Seuil, 2003.

temporelles sont vécues comme une contrainte. Mais ceux qui vivent sans emploi ou dont tout le temps disponible est monopolisé par un travail peu gratifiant ne se sentent attendus nulle part. Leur rapport au temps est chaotique, uniquement orienté vers l'attente angoissée de la fin du mois.

Selon Bourdieu, l'importance du football dans les favelas s'explique en partie par le désir de donner enfin un sens au temps qui passe. Il y a un début et une fin de la partie, des règles, un arbitrage, une équipe perdante et des gagnants. Mis à part ces instants où le foot organise le temps de manière à peu près cohérente, la vie des plus pauvres se situe toujours au bord de l'abîme. Autant dire dans l'angoisse immaîtrisable des fins de mois. C'est pourquoi les habitants des bidonvilles craignent beaucoup moins la fin du monde que les bourgeois : « Quand rien n'est vraiment possible, tout devient possible ; tous les discours sur l'avenir, prophéties, prédications, annonces millénaristes, n'ont d'autre fin que de combler un des plus douloureux, sans doute, des besoins : le manque d'avenir. »

Les alarmes écologiques sur l'imminence de la fin du monde sont tout à fait louables : elles rappellent qu'il y a quelque chose à faire pour éviter l'apocalypse. Mais elles ne sont audibles que par ceux qui ont déjà le sentiment de pouvoir faire quelque chose de socialement sensé. Tous les gilets jaunes n'en sont pas là, évidemment, mais ceux d'entre eux qui « manquent d'avenir » de manière radicale risquent de préférer la fin du monde (pour eux, il n'existe déjà plus vraiment) à sa perpétuation à l'identique.

Michaël Fœssel est philosophe et professeur à l'école Polytechnique. Il est notamment l'auteur de *La Nuit. Vivre sans témoin* (Autrement, 2018) et d'*Après la fin du monde. Critique de la raison apocalyptique* (Seuil, 2012).

Un sit-in improvisé en bas des Champs-Élysées,
face aux CRS, le 15 décembre 2018. © Serge d'Ignazio

Les gilets jaunes bloquent plusieurs entrées d'un centre commercial, à Petite-Forêt (59), le 1er décembre 2018.

Réinterprétation de la boutique Lancel, place de l'Opéra à Paris, lors de l'acte IV, le 8 décembre 2018. © Joseph Confavreux

Marche pour le climat à Limoges, le 8 décembre 2018.

Sur le groupe Facebook « La France en colère »
12 décembre, 21 h 21

T'es gilet jaune quand tu sais que tu seras à découvert à la fin du mois. Quand tu gagnes – de 1 500 euros par mois, que l'on te dit que tu as le droit à la prime d'activité, mais il faut être célibataire, isolé et dans la merde pour l'avoir cette prime d'activité. Quand tu n'as pas le droit aux APL parce que ton salaire dépasse de 30 euros. Quand les infos de TF1 te balancent l'arrivée de la prime de la rentrée scolaire, et la prime de Noël mais que pour toi ça reste juste une annonce, quand tu la demande tu peux pas l'avoir. Quand tes listes de courses deviennent vitales pour ton compte en banque. T'es gilet jaune quand tu as un smartphone payable en 4x. Mais t'es aussi gilet jaune quand le paiement en 4x ou en 10x devient ta seule issue pour gouter au confort. Quand tu peux plus te permettre les croissants alors que tu as des invités le dimanche. Tu es gilet jaune quand tu connais par cœur le goût des pâtes Panzani. Quand tu as déjà goûter toutes les sauces tomates possibles et inimaginables pour changer le goût de tes plats, ou de tes pâtes. T'es aussi gilet jaune quand tu essaies de mettre 100 euros de côté, mais c'est seulement pour 1 mois, car le mois d'après il faudra payer les factures. T'es gilet jaune, quand tu voudrai bien acheter des habits a tes enfants, mais que tu vas juste te contenter des ventes de fringues d'occase parce que même Kiabi c'est une source de découvert pour ton compte en banque. Tu es gilet jaune pourquoi aussi ? parce que, tous les mois, tu vois les factures défilées et tes loisirs s'envoler. Ah, pas de cinéma, parce que EDF est tombé. Ah... pas de MC'do pour les enfants, parce que la taxe d'habitation est là, même mensualisée. T'es aussi gilet jaune quand tu sais que de payer la tournée a tes potes au bar te mèneras tout droit a un calcul de comptable pour pas finir à découvert a la fin du mois. t'es aussi gilet jaune, quand tu peux pas aller voir ta famille à l'autre bout de la France parce que 60 euros d'autoroute et 110 euros de gazole, c'est juste pas possible pour toi. Tu es aussi gilet jaune, quand tu sais que ça fait 3 ans que t'es pas parti en vacances, mais que tu pars dans la famille pas trop loin, histoire de te « dépayser » un coup quoi. T'es gilet jaune, quand ta grand mère de 80 ans gagne une misère mais sa place n'est pas sur un rond point, elle a déjà fait mai 68. Quand tu vois l'agriculteur à côté de chez toi, vendre ses vaches, et vendre son matériel parce que sa passion et devenue une prison financière. Cette liste n'est bien sûr qu'exhaustive de tout ce qu'il se passe en France. Ce n'est pas un mouvement de beaufs, de cas soce, de bouzeux des campagnes, non Mesdames, Messieurs. Ceci est le battement de cœur de la France, une France en tachycardie, qui va finir en crise cardiaque. Et pourquoi ? parce qu'elle souffre et les personnes qui détiennent les médicaments nous en prive ! Ok, vous voulez pas aller sur les ronds points, Ok, vous râler parce que vous avez 15 minutes de retard au travail à cause des ralentissements, mais demandez vous un peu, au fond de votre canapé. Si la France tire son dernier souffle ? Si la France ne peut pas recevoir d'électro-choc vous allez faire comment ? Arrêtons de compter nos râleries, et nos exaspérations, comptons ensemble, les nouveaux battements de cœur de la France. Tous ensemble, tous différents, tous unis, et surtout, touts déterminés.

Sur le groupe Facebook « Les cheveux blancs en colères »
8 décembre, 14h39

Coucou à tous et à toutes

Je voulais aujourd'hui passer un petit coup de gueule !!!! Après quelques publications de personnes qui se permettent de dire que les gilets jaune font n'importe quoi, que les gilets jaunes nous empêche de travailler, que les gilets jaune ne pensent pas à l'écologie et tout le blabla qui va avec je voulais leurs dire :

Je suis gilet jaune pour l'écologie mais de la bonne manière (arrêt des pesticides, glyphosate et tout le tralala) Des produits locaux et non de l'exportation-importation ; Des véhicules non polluant et pas la voiture électrique de merde. Que l'on puisse travailler à côté de chez soi sans forcément devoir prendre notre véhicule, pour que l'on arrête les emballages cartons et plastiques et que l'on favorise le verre car ça aussi fait partie de l'écologie, et tant de chose encore à mettre en place…

Je suis gilet jaune pour que enfin les commerces, les artisans, les agriculteurs etc. puissent vivre et non survivre.

Je suis gilet jaune pour que enfin les citoyens puissent vivre convenablement et sans compter les centimes qui restent à la fin du mois pour acheter une baguette de pain ou autre.

je suis gilet jaune pour que les SDF ne soit plus SDF.

Je suis gilet jaune pour que nos personnes Âgées puissent vivre convenablement après avoir travaillé pendant plusieurs années.

Je suis gilet jaune pour les Personne qui souhaitent s'en sortir et non celle qui profitent de l'État.

Je suis gilet jaune pour qu'enfin on arrête que la classe moyenne galères et que les riches sent foutent pleins les poches avec notre propre argent.

Je suis gilet jaune pour qu'enfin en France tous soient égales et qu'il n'est pas de pauvres, des moyens et des riches, des gens qui mangent des gens qui ne mangent pas, des gens qui peuvent se soigner et d'autres pas !!!!

Je suis gilet jaune pour les personnes handicapées qui n'ont presque aucun revenues sans pouvoir travailler.

Je suis gilet jaune pour que nos enfants puissent étudier et sans payer une fortune.

Je suis gilet jaune pour que l'État arrêtes de dépenser notre argent n'importe où et n'importe comment. Pour que l'État rendent des comptes sur les dépenses. Leurs salaires qui baissent leurs frais à leur charges le déplacement à leurs charges. Le chômage comme tout le monde est pas une pension à vie.

Je suis gilet jaunes pour que l'on arrête de payer des gens qui dorment pendant les Assemblées nationale.

Je suis gilet jaune pour tout ce qu'il va mal en France parce que en France il y a trop de favoritisme pour certaines personnes !!!!

Il y a en a marre !!!!

Alors désolé pour ces personnes que ça fait chié mais arrêtez de croire que vous êtes le nombril du monde, arrêtez votre ingratitude, essayer de penser aux personnes qui n'ont plus rien pour vivre !!!

Et dites vous bien ; ce mouvement continuera jusqu'à ce que l'on est gain de cause !!!

Désolé pour les fautes!!! je suis gilet jaune de parents qui n'ont pas pu me payer les études parce qu'ils avaient pas les moyens et qui n'a pas bien appris à l'école parce qu'ils travaillaient mais je suis gilet jaune parce que j'ai fait ce qu'il fallait pour m'en sortir malgré les difficultés et que même difficilement je nourrie mes enfants alors les fautes m'importe peu !!!! »

Une assemblée de Gilets jaunes à Auch, le 4 décembre 2018

Mardi soir, les gilets jaunes organisaient une réunion publique salle des Cordeliers à Auch, chef-lieu du Gers, ville de 22 000 habitants, en Occitanie[1]. Assistance très nombreuse (environ 250 personnes, rarement cette salle a été remplie à ce point). À la tribune, des gilets jaunes retraités, handicapés, mères de famille, d'Auch ou de Lectoure. Les débats sont parfois houleux, malgré les efforts des organisateurs, certains sont amenés à hausser le ton pour se faire entendre, mais de nombreuses personnes parviennent à s'exprimer sur cette lutte et sa poursuite. Il est rappelé qu'il n'y a pas de politique chez les Gilets jaunes… Puis des revendications sont listées. En vrac : outre la démission du président de la République et la dissolution de l'Assemblée nationale, rétablissement de l'ISF, baisse des salaires et retraites des députés, lutte contre l'évasion fiscale, poursuites à l'encontre des hauts fonctionnaires qui ont fauté par négligence (relevée par la Cour des comptes), augmentation des petites retraites jusqu'à 1 200 euros minimum, suppression de la TVA sur l'alimentation et les matériaux d'isolation, contrôle du prix de l'eau. Et

1. Compte rendu rédigé par Yves Faucoup, publié sur son blog, sur Mediapart, le 7 décembre 2018.

aussi VIe République, transfert du CICE sur l'écologie, dissolution du Sénat, représentation proportionnelle absolue…

De longs échanges ont lieu sur la question des porte-parole ou représentants : entre ceux qui estiment que c'est incontournable et ceux qui considèrent qu'en désigner dénaturerait le mouvement. Les opinions sont si variées que les uns envisagent un représentant par région (13), d'autres par département (100) et l'un, qui invite à lire le brûlot *L'Insurrection qui vient*, réclame par canton (4 000). Par ailleurs, il est rendu compte de la visite effectuée par une délégation auprès du député LREM Jean-René Cazeneuve, « urbain », mais « resté droit dans ses bottes ». Un rendez-vous est sollicité auprès de la préfète.

Des informations concordantes attestent qu'au rond-point des Justes, occupé par les gilets jaunes, quelques responsables du Rassemblement national (RN, ex-FN) sont actifs au quotidien, même s'ils cherchent à rester discrets (*La Dépêche* s'en est fait l'écho le 2 décembre, désignant nommément David Langui, toujours présent sur les lieux, « figure gersoise du Rassemblement national, où il est chargé des manifestations et du service d'ordre »). Lors de cette soirée, des militants RN sont présents mais n'interviennent pas. Tout au long de la soirée, aucun propos n'a été prononcé à l'encontre des « assistés » ou des migrants (ce qui aurait sans doute fait capoter la réunion).

Par contre, de nombreux militants de gauche et d'extrême gauche sont là (Attac, NPA, FI, Sud-Solidaires, antifa), sans s'afficher comme tels, et certains prennent la parole. Les uns évoquant Nuit debout ou une manifestation prochaine de la CGT, sans se faire huer. Un autre est ovationné pour avoir proposé une action dure (approuvée plus tard à mains levées) et pour avoir déclaré que « tant qu'on n'a pas gagné sur l'essentiel, il n'y a rien à négocier ». Un artiste en appelle à la souveraineté culturelle, à des manifs dans la joie et… au retour à la Sécu d'Ambroise Croizat.

Par contre un pro-Jean Lassalle est conspué. Et un intervenant, énervé, se disant ancien militaire et « du monde du renseignement », tenant des propos complotistes, est rapidement remis à sa place (j'entends derrière moi : « Et moi je suis cardinal »).

Les événements violents de Paris n'ont pas été évoqués, et les décisions gouvernementales du jour, très peu. En fin de compte, une assemblée plutôt populaire, en colère, protestant contre les inégalités, défendant des droits, y compris pour les enfants handicapés, exprimant de la solidarité (une jeune fille prenant position en faveur des retraités et des petits paysans). Un participant, très applaudi, rappelle la jonction entre étudiants et ouvriers en mai 1968. Du coup, des cris fusent appelant à la « grève générale ». Mélanie Rover, jeune actrice, gersoise, remarquée dans le film *En guerre* avec Vincent Lindon, interprétant un des rôles principaux, en appelle à une vraie démocratie, avec référendum d'initiative populaire plutôt que le régime oligarchique actuel. Un gilet jaune constate que ce qui se passe c'est « la République qui agit », et le mouvement est efficace parce qu'il n'y a pas de chef. Une intervenante estime que les puissances qui ont le pouvoir et contrôlent Macron doivent trembler et vont lui exiger de lâcher du lest. Il faut s'en prendre aux banques et aux supermarchés, dit-elle. Un autre ajoute : « Et aux assurances. »

Le plus difficile pour cette assemblée a été de déterminer des objectifs de lutte : Que faire samedi ? Bloquer une grande surface, des dépôts, le convoi d'Airbus ? Faute de conclusion, un animateur botte en touche en appelant à un rassemblement au rond-point des Justes à 7 h 30 samedi : selon le nombre, le mode d'action approprié sera alors choisi.

Je pense donc j'y suis

Arrêtez de nous pomper

Pas facho mais fâché

Précarité n'est pas un métier

Assez du racket fiscal.
L'écologie à bon dos

Gaulois en colère !!

Et maintenant ?

Je coûte un pognon de dingue
et je suis un Gaulois réfractaire.
Mais pas une vache à lait

Je suis un citoyen en colère
et non un automobiliste en colère

Ils remuent le couteau
dans la paix

Slogans inscrits au dos de gilets jaunes, collectés du 17 novembre au 26 décembre 2018

C'est jaune, c'est moche, ça ne va
avec rien, mais ça peut vous sauver la vie

Macron, le peuple est la véritable
richesse de la France, écoute-le !!!

Ne ris pas bourgeois, ta fille
peut être dans la rue !

On vit plus, on survit

J'ai mal à ma démocratie

Ne rien dire, c'est consentir

Mieux vaut être sans-dents
que sans-couilles

Macron, ton nouveau monde
c'est l'ancien régime

Je cours moins vite qu'en 68,
mais je gueule plus fort

Le temps passe,
le peuple reste

IV

Le spectre des possibles

Accroître le « pouvoir de vivre »
Pierre Rosanvallon

La révolte des gilets jaunes nous invite, et nous oblige, à considérer l'état de la société avec un œil neuf. L'explosion de colères à laquelle nous avons assisté a fait remonter à la surface ce qui a été longtemps subi en silence : le sentiment de ne compter pour rien, de mener une existence rétrécie, de vivre dans un monde profondément injuste, et la façon dont se sont constituées, dans l'ombre, des communautés de souffrance et de rancœur.

Mais le terme « inégalités » ne suffit pas à rendre compte de tout ce passif social et moral, même si ces dernières se sont renforcées au point d'effacer la pertinence de la notion de « moyenne ». Le problème est désormais plus large et plus diffus. De même, les statistiques de revenus traduisent mal, à elles seules, la condition de ceux pour qui le « reste à vivre » semble se rétrécir, les dépenses contraintes (logement, assurances, transports, remboursements d'emprunts, etc.) étant pour eux celles qui ont le plus augmenté.

Il nous faudrait donc des indicateurs de dignité et de mépris, de ghettoïsation et d'éloignement social, d'appréhension des peurs et des fantasmes pour saisir la situation actuelle et la façon dont les distances sociales et les méconnaissances des situations et des conditions de chacun se sont creusées.

Ce n'est d'ailleurs pas la société des exclus, des chômeurs, des RMIstes qui a pris la rue et occupé les ronds-points, alors même qu'il y a, en France, 4,5 millions de personnes vivant des minimums sociaux : RSA, allocation aux adultes handicapés, allocation de fin de droits de chômage, minimum vieillesse…

Cette société de survie ne se situe pas aux premières loges de la mobilisation des gilets jaunes. C'est la « société des petits » qui s'y exprime en battant le pavé ou le bitume : celle du salariat modeste, des petites classes moyennes, des autoentrepreneurs, petits commerçants ou artisans. L'hétérogénéité est aussi bien sociologique qu'idéologique, allant de l'extrême droite à l'extrême gauche.

Mais il ne s'agit pas de la « France périphérique », telle que la décrit le géographe Christophe Guilluy, car, comme l'ont montré aussi bien des chercheurs comme le sociologue Pierre Veltz, l'économiste Laurent Davezies ou le chercheur en sciences sociales Éric Charmes, beaucoup de villages et de zones périurbaines sont aussi des pôles de dynamisme économique et culturel. La France est socialement fracturée de multiples façons, elle n'est pas simplement coupée en deux géographiquement. Le fait social exprimé par les gilets jaunes est donc plus large.

Il est alors nécessaire de distinguer différents rapports à cette révolte. Elle met en mouvement la population sur des modes différents. On peut distinguer les activistes, les participants, le halo social d'accompagnement et la chambre d'écho. Les « activistes », ce sont les manifestants déjà politisés ou récemment autoradicalisés. Ils sont les plus hétérogènes socialement et idéologiquement, proviennent aussi bien de l'ultra-gauche que de l'ultra-droite. Les « participants » sont des salariés et des retraités modestes, appartenant à un milieu populaire habituellement peu présent dans le débat social. Ils sont sortis de l'ombre « pour prendre la parole », comme le disait le philosophe et historien Michel de Certeau à propos de Mai-68.

Alors que, sur le terrain, ces participants ont successivement réuni environ 300 000 personnes, le « halo social d'accompagnement », formé par l'écho que rencontre la révolte, est lui beaucoup plus large ; il peut être évalué à environ 5 millions de personnes qui estiment appartenir au même monde que ces participants. La chambre d'écho, qui est aussi une chambre d'écoute, est, elle, encore plus vaste : ce sont tous les Français qui comprennent qu'il y a aujourd'hui une question sociale et fiscale qui doit être reformulée et résolue.

Mais il demeure difficile de saisir cette mobilisation, qui cumule des caractéristiques ordinairement dissociées, notamment un état gazeux et une grande radicalité. Pour les « activistes », il s'agit souvent d'une première expérience, un apprentissage parfois naïf de la lutte dans lequel se mêlent la violence et l'impatience. Les « participants » n'avaient pour la plupart aucune expérience militante. D'où le problème. Un mouvement social peut négocier car il inscrit son action dans une stratégie et une temporalité longues. Mais une révolte le peut plus difficilement, car elle veut mettre en avant l'irréductibilité sociale, ne pas être emprisonnée dans la délégation, et, d'une certaine manière, rester un pur mouvement ou un pur soulèvement. Toute représentation est pour cela perçue comme une trahison. Ce qui explique la difficulté à trouver et à s'accorder sur des représentants, l'hétérogénéité du mouvement compliquant les choses.

La mobilisation des gilets jaunes constitue une révolte sociale, mais ce n'est pas un mouvement social à proprement parler, avec ce que cela a historiquement impliqué en termes de conduite organisée de l'action ou de polarisation des objectifs. Or, toute l'histoire sociale est constituée par la question du passage des révoltes aux mouvements sociaux. L'histoire même de la naissance du syndicalisme en témoigne. En 1884, lorsque l'Assemblée nationale vote la loi qui légalise le syndicalisme, un représentant patronal, membre de l'Union nationale du commerce et de l'industrie, motive son accord parce que, disait-il, le syndicalisme est nécessaire, car on ne s'entend pas, on ne contracte pas, on ne transige pas avec une foule, pas même avec cent personnes. Or, la vie économique n'est qu'une série de conventions et de transactions…

Le propre d'une révolte, c'est d'avoir comme sujet une foule. Elle a structurellement un caractère inorganique. Le propre du mouvement social, c'est d'avoir comme sujet une classe sociale ou un groupe organisé autour d'un projet. Il s'agit aujourd'hui de passer de la foule à l'organisation. Or, c'est ce passage qui s'opère difficilement.

En outre, les conflits sociaux ont une dynamique qui s'accompagne d'enjeux glissants. On part de la taxe sur le carburant et on glisse à la question des impôts, on passe de la question du pouvoir d'achat à celle du pouvoir de vivre, de la légitimité du président de la République à celle de la démocratie. Un mouvement social circonscrit les enjeux. La révolte, elle, les pulvérise.

Le point d'arrêt d'une révolte est donc problématique, car la radicalisation est pour elle le mode d'expression de sa raison d'être ; elle ne peut se définir que comme immédiateté et comme globalité. À cet égard, la violence politique à laquelle nous avons assisté risque de n'être que le substitut d'une capacité stratégique défaillante. Cette violence a certes un fort pouvoir de séduction car elle donne un sentiment de renaissance et de puissance. Elle apparaît comme le signe d'une parole directement faite action, immédiatement efficace donc, ce qui explique sa légitimation croissante par des individus qui ne sont en rien des hérauts d'une improbable révolution.

Mais il y a loin de la révolte à la révolution, qu'on ne saurait définir seulement comme une révolte qui a réussi. Elle advient lorsqu'une révolte est guidée par un objectif de renversement d'un pouvoir oppresseur qui a mobilisé l'immense majorité de la société. Nous n'en sommes pas là. D'où l'inanité de la comparaison avec les révolutions arabes. Si une révolte ne devient pas un mouvement et si le respect de la vie démocratique oblige à ne pas la réprimer, il n'existe alors en bout de course que des points d'arrêts institutionnels.

C'est soit la démission, traditionnellement celle du Premier ministre, « fusible » de la Vᵉ République ; soit la dissolution, qui est à la fois une solution et un piège, car une révolte ne peut jamais se transformer rapidement en un parti comme le rappelle par exemple le fait qu'en 1863, un mouvement proudhonien contestant le manque d'ouvriers dans la liste des Républicains de progrès, mouvement principalement composé de journalistes et d'avocats, n'avait obtenu que 0,3 % des suffrages ; soit la destitution du chef de l'État, même si l'article 68 de la Constitution ne l'envisage *a priori* pas pour des raisons politiques.

Ce qui redouble la volatilité de la situation et le caractère inédit de la révolte des gilets jaunes est le fait qu'elle correspond à l'entrée dans un nouvel âge du social où ce ne sont plus seulement les classes sociales qui constituent la société. À côté des conditions sociales, notre société se définit aussi par des positions ou des situations sociales (le « reste à vivre » dépend par exemple de facteurs comme la propriété du logement, l'éloignement du lieu de travail, la situation familiale, les accidents de la vie). Les gilets jaunes ne disent ainsi pas seulement former une classe exploitée, mais être des catégories méprisées.

C'est la raison pour laquelle ce sont les émotions, les affects, autant que les données économiques objectives, qui fédèrent la mobilisation. Emmanuel Macron dit souvent que, si les citoyens ne comprennent pas sa politique, c'est parce qu'elle est mal expliquée, comme si tout cela n'était finalement qu'une affaire de pédagogie.

Il se trompe. Le pouvoir doit aussi savoir gérer des émotions, et pas seulement des intérêts « objectifs ». Elles ne sont pas seulement des illusions. Les peurs et les colères ont aussi leur rationalité.

À la singularité de cette mobilisation s'ajoute le fait que la représentation, aussi, est en train de changer. Hier, on s'organisait par le biais de la délégation, avec des porte-parole et la désignation de négociateurs. Aujourd'hui, le sentiment qu'il n'y a pas besoin de porte-parole, et que chacun sait et peut prendre la parole, est très puissant. En raison du niveau d'instruction, nous sommes passés du porte-parole à l'attente que la parole de chacun puisse porter. C'est une des manifestations de l'entrée dans ce que je désigne comme un « individualisme de singularité ». D'où une certaine cacophonie.

Pour la première fois dans l'histoire de nos sociétés, l'opinion publique est devenue une réalité matérielle. Dans la société des délégués qui précédait, l'opinion était représentée par la presse, les sondages, les porte-parole d'organisations. Il y avait ceux qui portent, ceux qui rapportent et ceux qui commentent (les médias, les médiateurs et les interprètes). Aujourd'hui, c'est la parole directe qui s'impose comme forme démocratique ; mais c'est du même coup une expression confuse, qui peine à s'unifier et est extraordinairement vulnérable aux théories du complot et aux *fake news.*

La délégation reste pourtant techniquement nécessaire. Mais il est urgent de trouver d'autres formes de représentation, comme la représentation narrative, qui consiste à rendre présentes des réalités sociales qui demeurent absentes du débat public, comme j'ai voulu le faire en publiant le manifeste *Le Parlement des invisibles* en 2014 et en animant la collection « Raconter la vie ». Il faudrait aussi multiplier les formules du type des jurys citoyens qui permettent d'impliquer des hommes et des femmes quelconques dans les processus de décision publique.

Le problème est que le monde politique s'est, à l'inverse, largement homogénéisé, d'où la déperdition de sa capacité représentative. Il n'y a, par exemple, plus d'ouvriers à la tête du Parti communiste (PCF). Et le socialisme français lui-même a toujours été un socialisme davantage idéologique que sociologique. Avant la guerre de 1914-1918, seuls 20 % des députés socialistes étaient d'origine ouvrière, alors qu'il y en avait 80 % au SPD allemand, et ils représentaient la totalité du parti travailliste anglais. Le socialisme de Jaurès et de Blum est, dans ses instances dirigeantes, un socialisme d'intellectuels et de professions libérales. Or, comme le disait Jules Michelet, nous ne pourrons pas faire la République tant que nous resterons dans une terrible ignorance les uns des autres.

C'est pourquoi il faut trouver, à côté de l'élection, des processus destinés à ce que la société se connaisse mieux. Et cela touche aussi la vie culturelle où l'on devrait davantage représenter les petites classes moyennes. Le langage des gilets jaunes est frappant : ils parlent d'une vie diminuée, coupée en deux, qui piétine à partir du milieu du mois. Ce n'est pas seulement une différence de revenu qu'ils pointent, mais une vie qui se déploie et s'accroît d'un côté de l'échelle sociale et une vie rétrécie et comme à mi-temps de l'autre. De ce fait, une politique du « pouvoir de vivre », comme dit Laurent Berger, secrétaire général de la CFDT, paraît plus adéquate qu'une simple réévaluation générale du pouvoir d'achat. Car autant qu'une demande sociale de consommation, cette revendication relève d'une exigence de respect et de dignité qui tienne compte des spécificités vécues par les uns et les autres.

Cette révolte est donc le révélateur du nécessaire basculement des sociétés dans un nouvel âge du social et de l'action démocratique, où l'élection et l'onction du suffrage universel ne suffisent plus à conférer la légitimité politique et morale qui est, en permanence, mise à l'épreuve de la qualité de l'action menée. Or les dirigeants politiques, le président Emmanuel Macron en tête, se drapent dans des phrases du type : « J'ai été élu, donc je maintiens le cap et mon programme. » Pourtant, les représentants sont aujourd'hui élus avec un si faible pourcentage de la population que leur légitimité de départ peut vite s'affaisser, et qu'il faut donc la renforcer par des épreuves permanentes de légitimation. Avec des majorités courtes et un fort taux d'abstention, le pouvoir doit sans cesse re-légitimer son « permis de gouverner », être évalué, contrôlé.

Les gilets jaunes confirment qu'une partie de la société a déserté le champ de la démocratie électorale, mais que cela ne signifie pas qu'ils aient quitté la politique. La mobilisation rassemble des décrocheurs de la démocratie, animés par la défiance vis-à-vis des institutions, des politiciens et des partis politiques. Face à cela, la crise de ces derniers, Parti socialiste en tête, traduit leur incapacité à prendre en charge l'organisation d'une parole collective dans une société plus éclatée, qui n'est plus structurée en classes bien définissables. Seule la référence à une opposition entre le haut et le bas fait alors confusément image.

Professeur au Collège de France, titulaire de la chaire Histoire moderne et contemporaine du politique (2001-2018), Pierre Rosanvallon est aussi président de l'association La République des idées. Il est l'auteur de nombreux ouvrages et a récemment publié *Notre histoire intellectuelle et politique. 1968-2018* (Seuil, 2018).

Rendre la monnaie
David Graeber

Quels sont, pour vous, les points communs et les différences entre les gilets jaunes que vous avez vu à l'œuvre le 8 décembre et le mouvement Occupy Wall Street à New York en 2011, auquel vous avez activement participé[1] *?*

Le principal point commun est le rejet total de la politique traditionnelle et de l'autorité des responsables politiques. Ce qui a fait la spécificité d'Occupy, ce ne sont pas des revendications particulières, mais le fait qu'il ne s'agissait pas de demander aux responsables politiques de réparer ce qui n'allait pas. Le message principal d'Occupy était de dire que nous vivions dans un système institutionnel corrompu, qui n'était démocratique qu'en façade. Rejoindre un tel système pour prétendre le changer n'aurait pas de sens.

Ce refus de légitimer le système en s'adressant à lui ou en espérant qu'il se réforme par lui-même se retrouve dans le mouvement des gilets jaunes. Historiquement, les mouvements qui mettent en cause la légitimité du système lui-même sont plus efficaces que ceux qui se fondent sur des revendications spécifiques.

1. Entretien réalisé à Paris le 10 décembre 2018 par Joseph Confavreux et Jade Lindgaard et publié dans Mediapart le 14 décembre.

En Argentine, en 2001, le mouvement social a commencé à gagner des choses quand il a fait siennes les méthodes et les exigences du mouvement pour la justice globale[1], avec un fonctionnement en assemblées, la création de ses propres médias, la reprise de ses revendications radicales. Les Argentins n'auraient pu attendre d'aucun de leurs responsables politiques qu'ils affrontent vraiment et directement le Fonds monétaire international. En envoyant paître le gouvernement et tous les politiciens, en s'auto-organisant, en créant leurs propres monnaies d'échange, en fonctionnant sous forme d'assemblées populaires, les Argentins ont obligé tout le pays à une véritable rupture avec le FMI, qui a contribué à la délégitimation de ce dernier sur toute la planète !

Le sociologue Immanuel Wallerstein a souligné ce point important : les vraies révolutions sont des révolutions mondiales, parce que nous formons un système-monde. Pensons à la Révolution française. En un sens, on peut dire que le Danemark a davantage changé que la France entre le milieu du XVIIIe siècle et le milieu du XIXe siècle. Mais le Danemark n'aurait pas changé à ce point sans la Révolution française.

La Révolution française a tout bousculé en transformant le sens politique commun. Vingt ans avant la Révolution française, si vous aviez scruté ce qui se passait en France, vous auriez pu repérer quelques changements sociaux, avec des gens qui lisaient Voltaire dans les cafés, par exemple. En 1848, en 1917, en 1968, on a également vécu des mutations du sens politique commun. Ces moments révolutionnaires sont aussi des révolutions dans l'idée même de ce qu'est une révolution.

Cela signifie-il qu'il peut y avoir quelque chose de révolutionnaire même sans changement du gouvernement ou du pouvoir ?

1. L'expression désigne les mouvements altermondialistes (N.d.T.).

Après 1848, il n'y a pas eu de prise de pouvoir. Mais tous les pays européens ont dû, ensuite, adopter des mesures d'aide sociale ou d'éducation pour le peuple, par exemple.

Mais, en France, aujourd'hui, on peut aussi être inquiet que l'explosion de colère sociale à laquelle on a assisté dans les rues puisse déclencher un désastre politique, avec une victoire électorale de l'extrême-droite…

Oui, c'est comme cela que le néolibéralisme assoit son autorité, en voulant faire croire qu'on aurait comme seul choix le libéralisme ou la barbarie. Mais, en réalité, c'est exactement l'inverse. C'est le refus de répondre aux motifs de la colère sociale qui a permis à l'extrême droite de se présenter comme une option envisageable.

Le terme « mouvement social » pour désigner ce qui se passe avec les gilets jaunes vous paraît-il pertinent ?

Pour moi, c'est un soulèvement. Le soulèvement c'est quelque chose qui part du bas vers le haut, alors que le mouvement est organisé par quelqu'un et va dans une direction donnée. Dans un mouvement social, les revendications sont davantage précisées et adressées.

Est-ce le soulèvement de la « caring class *» que vous avez analysée dans vos précédents travaux ?*

Je voudrais le croire, mais il faudrait en savoir davantage sur la composition sociologique des gilets jaunes. Il y a beaucoup de travailleurs indépendants en leur sein. Mais d'avoir vu des ambulanciers affronter la police à Paris la semaine dernière me paraît significatif d'un mouvement général où, partout dans le monde, jusqu'en Nouvelle-Zélande, ce sont moins les ouvriers, au sens traditionnel du terme, qui se mettent à protester et à se mettre en grève, que les infirmières, les enseignants, les professions paramédicales, les femmes de ménage…

Cela a du sens. La productivité dans l'éducation ou dans la santé décline, alors qu'elle continue d'augmenter dans le secteur manufacturier traditionnel, avec la robotisation et la numérisation. Cela permet de payer correctement les travailleurs, tout en faisant des bénéfices.

Dans le travail du *care*, c'est l'inverse. De plus en plus de managers doivent justifier d'être payés pour organiser le travail et la productivité de plus en plus de gens qui se plaignent de passer de plus en plus de temps non à s'occuper des autres, mais à remplir des paperasses et des évaluations censées mesurer leur productivité et justifier le travail de ceux qui les encadrent.

À cause de cette bureaucratie de l'évaluation, la productivité se réduit, et il faut engager de plus en plus de personnes pour conserver le même niveau de services, et donc les payer de moins en moins. Cette réalité se conjugue avec le fait qu'en général, dans le système économique tel qu'il est, plus vous avez un travail socialement utile, moins bien vous êtes payé et traité. Cela mène à une explosion sociale.

Pendant Occupy Wall Street, ce phénomène de fond était très sensible. Il y avait beaucoup de gens qui travaillaient dans les secteurs de l'enseignement, de la santé, ou de personnes qui disaient : « Au moins, je veux faire un travail qui ne fasse de mal à personne et qui, si possible, fasse du bien aux autres. » Mais, si vous faites cela, vous êtes traité si mal et payé si peu que vous ne pouvez même pas prendre soin de votre propre famille ! C'est une situation ridicule.

Parmi les gilets jaunes, vous avez aussi des petits entrepreneurs, patrons de restaurants, directeurs d'auto-écoles, courtiers en assurance…

Ce sont de tout-petits-bourgeois, mais ce ne sont pas des prolétaires. Et ils constituent classiquement la partie du peuple capable de passer d'un bord à l'autre dans un moment révolutionnaire. C'est pour cela qu'il est très difficile de les mettre dans telle ou telle boîte. Leur niveau de vie est souvent comparable à celui des prolétaires, mais, dans le même temps, ils ont des sensibilités et des aspirations bourgeoises.

Le soulèvement des gilets jaunes s'affronte à un pouvoir dont la particularité est de fusionner autorité politique et privilège de la création monétaire, avez-vous écrit. Que voulez-vous dire par là ?

Il y a eu un changement dans le centre de gravité du système économique. Dans la forme classique du capitalisme, le rôle de l'État est de protéger la propriété des industriels et des entreprises de commerce. Leurs profits proviennent de la dépossession des travailleurs, selon l'analyse marxiste, en les payant moins que la valeur qu'ils produisent. Mais, aujourd'hui, plus de la moitié des profits proviennent du secteur privé : finances, assurances, immobiliser. Et encore, c'est largement sous-estimé, car il faudrait prendre en compte les activités financières des entreprises industrielles. Selon les statistiques les plus récentes que j'ai vues, presque tous les profits de General Motors proviennent de ses activités financières. Il ne gagne pas de l'argent en fabricant des voitures mais en prêtant de l'argent pour que les gens achètent leurs voitures.

Dans un système financiarisé, si votre source de profits ce sont les loyers, la finance, la création de dettes, la relation à l'État change. Pourquoi ? L'État ne se contente pas de protéger votre propriété ou de régler les controverses sur le travail. L'État est le moyen par lequel vous extrayez votre profit. Il n'est donc pas surprenant qu'une fusion se produise entre l'État et la finance. Plus les industries sont régulées, plus leurs profits augmentent. Parce que ce sont les entreprises qui écrivent les réglementations. On parle de « dérégulation », mais il s'agit plutôt de « rerégulation ». Une grande partie du profit des banques viennent des réglementations, en dépit du discours ambiant. Si les règles viennent des banques, s'agit-il d'institutions gouvernementales ou d'agents économiques privés ? À ce stade, cela ne fait plus sens de séparer l'un de l'autre.

Quel rôle joue la création monétaire dans cette analyse ?

On se comporte toujours comme si l'argent, c'était des lingots d'or. Qu'il n'y a en pas tant que ça et que les gouvernements ont besoin de mettre la main sur un trésor pour se financer. Mais ce n'est pas vrai ! C'est une illusion. Si vous prenez la dette nationale américaine, la moitié est composée de l'argent que l'État se doit à lui-même.

Ce que les gilets jaunes disent, en gros, c'est que le système fiscal ne sert pas à financer des politiques mais est juste une manière de redistribuer le pouvoir. Cela reconnaît le système fiscal en tant que système de pouvoir, où certaines personnes se sont appropriées les outils pour se donner encore plus de pouvoir. On parlait de cela dans le mouvement Occupy, en distinguant les « 1 % » des « 99 % ». Les « 1 % » ne sont pas seulement ceux qui touchent tous les bénéfices de la croissance économique depuis 2008. Ce sont aussi ceux qui ont fait tous les dons aux partis politiques pour les campagnes électorales. 99 % des dons pour la campagne électorale venaient des « 1 % ». Donc ce sont ceux qui ont transformé leurs richesses en pouvoir politique et le pouvoir politique en richesse. C'est la même chose que ce que disent les gilets jaunes.

Si l'argent se crée aujourd'hui essentiellement en accordant des prêts monétaires, pourquoi n'importe qui ne peut-il pas écrire de lettre de reconnaissance de dette ? Pourquoi ne puis-je pas le faire moi-même ? Peut-être parce que cela prendrait du pouvoir à ceux qui le détiennent. En Angleterre, au début des années 1600, chaque boutique avait sa propre monnaie. Il n'y avait pas vraiment de petite monnaie. Tu achetais du pain, on te donnait un jeton que tu pouvais utiliser dans cette boutique. Et puisque tu pouvais l'utiliser là, tout le monde dans le quartier acceptait ces jetons. Les veuves créaient de l'argent. Elles réparaient des chaussettes ou des vêtements, elles disaient qu'un penny, par exemple, valait pour une chaussette réparée, et elles pouvaient acheter un pain en échange. Tout le monde pouvait créer de l'argent. Mais le système des impôts rend cela impossible. Il réimpose un monopole sur la création monétaire.

En quoi le monopole de création monétaire est-il lié au système des impôts ?

Il l'est car seul l'argent approuvé par le gouvernement peut servir à payer les impôts. Et comme il y a des impôts sur quasiment tout, c'est concrètement illégal de créer votre propre monnaie.

Mais n'est-ce pas contradictoire avec une vision de gauche qui défend l'impôt comme moyen de redistribution sociale ?

In fine, c'est un système qui redistribue du pouvoir aux puissants. L'argent c'est le pouvoir. Je pense qu'il faut vraiment réfléchir à comment démocratiser la création monétaire. Le revenu de base est une partie de la réponse, mais ne répond pas à tout. Certains disent que le *quantitative easing*[1] pourrait servir à verser de l'argent sur les comptes bancaires de tout le monde. Très peu de gens n'ont pas de compte en banque. Et on pourrait en créer pour ceux qui n'en ont pas, en distribuant des proportions égales à tous.

D'un point de vue anarchiste, vous pourriez dire : le revenu de base, c'est l'État, donc ça ne va pas. Mais en fait on réduirait considérablement la bureaucratie avec ce système. Et notamment la partie la plus arrogante de la bureaucratie. Tous ceux dont le

1. Les termes désignent une opération monétaire dite « non conventionnelle » lorsqu'une banque centrale rachète massivement des titres de dette et agit ainsi sur la masse monétaire (N.d.T.).

boulot est de vérifier que vous cherchez suffisamment un emploi. Ou que vous n'êtes pas drogué ou que vous êtes assez « moral » pour continuer à recevoir des aides. Tous ces boulots-là disparaîtraient, et ces gens pourraient eux aussi recevoir un revenu de base et former un groupe de musique ! Ce que j'ai appris en travaillant sur les *bullshit jobs*, c'est que la plupart de ces gens sont malheureux dans ce type d'emploi, même quand ils sont bien rémunérés.

Cette question de la création monétaire n'est pas du tout abordée par les gilets jaunes. Ils disent : « Taxer les riches ! »

C'est sûr que réclamer la refonte du système monétaire, c'est une revendication particulièrement révolutionnaire. Les gens réagissent au système tel qu'il est.

Mais vous ne croyez pas à la possibilité d'un meilleur système redistributif fondé sur l'impôt.

C'est techniquement possible. Mais ma réponse à Thomas Piketty, c'est que ce qu'il décrit ressemble à un énorme aspirateur. Face au capitalisme qui va aspirer de plus en plus de richesses pour le profit d'une élite, il semble proposer de fabriquer un autre aspirateur, qui aspire dans l'autre sens, mais pas aussi fort. Moi je dis : et si on éteignait la machine ?

David Graeber est anthropologue à la London School of Economics. Figure d'Occupy Wall Street, il a notamment publié *Dette. 5 000 ans d'histoire* (Les liens qui libèrent, 2013). Il développe aussi, dans le prolongement de ses textes sur la bureaucratie et les *bullshit jobs*, une analyse pionnière sur ce qu'il désigne par la *caring class*, qui redéfinit les contours et l'imaginaire de la classe ouvrière sur des bases moins productives et plus féministes, afin de mieux penser les révoltes et les émancipations de demain.

Le sens du face-à-face
Étienne Balibar

Le Président, donc, a parlé[1]. Mais à qui ? C'est la première question qu'on peut se poser. Sans jamais vouloir, sans oser nommer ceux qui l'y ont contraint – les fameux gilets jaunes –, il a prononcé des paroles de contrition mesurées au compte-gouttes et, comme l'a aussitôt relevé la presse, « concédé » des mesures d'allégement du fardeau financier pesant sur la partie la plus pauvre de la population mais « sans rien céder » de ce qui aurait marqué un changement de cap, en donnant satisfaction au mouvement de révolte qui, depuis maintenant quatre semaines, ébranle en profondeur le pays.

1. Les Éditions du Seuil m'ont proposé d'inclure le texte qui suit, publié sur mon blog de Mediapart le 13 décembre 2018, dans l'ensemble d'analyses contemporaines du mouvement des gilets jaunes qu'ils veulent réunir. J'en suis heureux et honoré. Il me semble que la règle du jeu est de ne rien changer au texte d'origine, et notamment de ne pas chercher à l'adapter en fonction du déroulement ultérieur de la situation qu'il décrit. Que les points forts et les points faibles, ou même les erreurs dans ce que j'ai écrit, demeurent ce qu'ils furent alors. Je dirai seulement, d'une part, qu'en me relisant je prends conscience de la nécessité qu'il y aurait à mieux expliciter ou à compliquer ce que j'écris, qui laisse béantes de nombreuses questions, comme l'ont relevé certains lecteurs ; d'autre part qu'il y a des erreurs de fait à reconnaître ou des attributions à préciser. Il n'est pas exact de dire

Dans les jours qui viennent, on fera les comptes pour voir qui gagne exactement quoi, tout de suite et à plus long terme, et qui peut s'en satisfaire. Une fois de plus, il a promis que les citoyens auraient leur mot à dire dans une « concertation » d'ampleur nationale qui le verrait aller lui-même au contact des élus locaux. Et il a assorti son discours de deux éléments de nature à inquiéter fortement tous les démocrates. D'abord une longue proclamation de sévérité contre « le désordre et l'anarchie » – « j'ai donné au gouvernement les instructions les plus rigoureuses » –, ce qui veut dire en clair que les manifestations sont placées sous le régime d'une sorte d'état d'urgence préventif et que les brutalités policières ne feront l'objet d'aucune restriction. Ensuite le retour en force du thème de l'identité nationale, de nauséabonde mémoire, immédiatement traduit en « question de l'immigration », une « question » qui ne jouait aucun rôle dans le mouvement des Gilets, mais dont on sait les résonances à la droite et à l'extrême droite de l'échiquier politique.

Je ne crois pas que ce discours et l'orchestration dont il va faire l'objet, bien qu'il suscite des mises en garde et quelques ricanements à l'international, sortent le Président de l'impasse absolue dans laquelle il s'est enfermé après un an et six mois

---

qu'Emmanuel Macron a ignoré la question du budget européen, puisque c'est au contraire sur ce point qu'il s'est, une fois de plus, heurté au blocage de l'Allemagne et des Pays-Bas (mais on doit bien entendu questionner la forme et le contenu de sa proposition). Enfin je dis que je préfère parler de « contre-pouvoir » plutôt que de « double pouvoir », comme Toni Negri : en fait Negri identifie les deux notions, et prend soin de préciser ailleurs qu'il entend le second dans un sens nouveau qui n'est plus celui de Trotski et Lénine en 1917. La phrase d'Éric Hazan que je critique n'est pas identique à la lettre à celle, plus courte, que je cite, mais je crois que le sens et son ambiguïté sont bien les mêmes. Dans ces deux cas comme dans d'autres, j'ai donné en note les références nécessaires.

d'exercice du pouvoir. Ce qui ouvre à la fois sur des possibles intéressants et sur de redoutables inconnues. Mais pour essayer de les décrypter, il faut d'abord revenir, schématiquement, sur les conditions de son arrivée au pouvoir, et sur les traits les plus saillants de la politique qu'il a suivie, que tout le monde sans doute n'avait pas imaginée sous cette forme.

Sur le premier point, je retiendrai seulement qu'Emmanuel Macron a été élu, non comme on l'a dit parfois, « par défaut », mais *par opposition* à une candidate dont la majorité du pays, toutes opinions confondues, ne voulait pas, et que sa prestation télévisée avait achevé de déconsidérer (les choses peuvent changer aujourd'hui ou demain, entièrement par sa faute à lui). Sa candidature avait été préparée de loin par un réseau d'influence qui s'étendait depuis les hautes sphères de la finance et de la fonction publique jusqu'à certains représentants intellectuels et syndicaux du libéralisme social, mais dans lequel les premières ont tout de suite pesé d'un poids déterminant. C'est pourquoi le fameux « en même temps », vaguement hégélien, du discours électoral a été immédiatement déséquilibré au profit des politiques économiques et sociales néolibérales, dans une forme très agressive que justifiait le mot d'ordre (pas très original) de la « modernisation » longtemps retardée, articulée à la « refondation de l'Europe ».

Alors que son prédécesseur avait très vite cédé aux injonctions (et sans doute au chantage) des milieux d'affaires français et étrangers, ainsi qu'aux leçons de rigueur budgétaire venues d'outre-Rhin et de Bruxelles, Emmanuel Macron est allé au-devant d'elles, avec la prétention avouée d'en prendre la codirection. Mais le plus lourd de conséquences, dans la situation d'aujourd'hui, a sans doute été la façon dont, faute de disposer d'un parti ou d'un mouvement politique réel, il a fait élire dans la foulée de sa victoire, au motif habituel de l'efficacité gouvernementale, une majorité parlementaire fictive, recrutée sur CV par des méthodes managériales, sans autonomie ni implantation de terrain, achevant ainsi de déconsidérer la démocratie représentative, déjà bien mal en point du fait des institutions autoritaires de la Ve République.

Sur le second point, je pense qu'il faut évoquer au moins *quatre aspects*, qui se recoupent, et dont chacun mérite évidemment une analyse plus approfondie. Le premier, c'est la *dimension européenne* déterminante en raison de la conjoncture et de l'interdépendance des systèmes économiques et politiques nationaux. Il est certain que la situation est très difficile, puisque l'Union européenne est entrée, de façon sans doute irréversible, dans une crise existentielle marquée tout à la fois par la profonde désaffection des opinions publiques, par l'entrée des États, les uns après les autres, dans une situation d'ingouvernabilité, par l'élargissement gigantesque des fractures entre les diverses régions du continent, et par l'ossification du conflit entre les discours « souverainistes » et « européistes », qui tend à se confondre avec un antagonisme social, mais en y ajoutant des connotations nationalistes allant jusqu'à la xénophobie.

La nécessité de l'unité des peuples à l'échelle continentale est cependant telle, tant pour faire face aux aléas financiers mondiaux et pour engager la transition vers une économie solidaire dans les domaines de l'énergie, de la consommation et du climat, que pour réduire les inégalités et faciliter la circulation des individus (notamment les jeunes) à travers les frontières, on aurait pu se réjouir de voir Emmanuel Macron prendre la tête du second camp. Sauf qu'il l'a fait de façon totalement irréaliste et conservatrice, en ne posant ni la question du budget européen, ni celle des « règles » comptables d'orthodoxie économique, ni celle des biens communs transnationaux, ni celle de la démocratisation en profondeur des institutions communautaires. Au bout du compte, il a donc renforcé le *statu quo* qui mène à l'éclatement, quand il fallait formuler l'hypothèse d'une véritable recréation de l'Europe au service de ses populations, en allant au besoin à contre-courant de ses partenaires. Sur certains points, comme la crise de l'accueil des réfugiés et des migrants, il a prolongé le double jeu sans scrupule de ses prédécesseurs, et l'a même aggravé, ce qui n'est pas sans conséquences sur l'esprit public.

La politique européenne n'est évidemment pas séparable du bloc des *politiques économico-financières* formant le cœur de ce qu'il faut bien appeler le « macronisme ». C'est une politique d'austérité renforcée qui ne dit pas son nom (elle le dit en fait, mais dans un jargon ésotérique inféodé à une certaine idéologie économique dominante, restée inchangée depuis la grande crise des années 2010 et malgré ses leçons : « politique de l'offre », « compétitivité », « maîtrise des dépenses publiques », « incitation à l'investissement des patrimoines », « baisse du coût du travail », « flexisécurité », « champions du numérique »...). La seule *demande effective* qui lui importe vraiment est la demande extérieure, ou celle des classes privilégiées qui peuvent supporter des prix élevés pour les biens de consommation fondamentaux et même y ajouter des extras, « à l'allemande », au détriment du niveau de vie et du pouvoir d'achat de la grande majorité de la population.

Cette orientation est à terme suicidaire pour l'économie nationale elle-même. *A fortiori* est-on aux antipodes du vigoureux néokeynésianisme qui serait nécessaire pour entraîner les activités collectives et les qualifications individuelles sur les voies d'une transformation du régime de croissance, de la formation de masse des individus et de l'aménagement des territoires qu'appelle la crise du modèle industrialiste ancien. Les indices boursiers et la valeur actionnariale règnent en maîtres et l'écart des revenus s'accroît indéfiniment, créant peu à peu une sorte de société duale. Le service public est la variable d'ajustement du budget, la fonction publique l'ennemi déclaré du gouvernement. Le régime d'imposition, ayant abandonné toute progressivité, devient de plus en plus évidemment un système de subvention des possédants par les dépossédés (sans même parler du renflouement des banques par les contribuables en cas de crise et de la complaisance vis-à-vis de l'évasion fiscale).

On touche par là au troisième aspect, sans doute le plus sensible, car le plus proche de la vie quotidienne. C'est lui que la révolte des gilets jaunes, précipitée par une nouvelle taxe qui s'est impudemment déclarée « écologique » (alors qu'elle ne touche aucune des activités lourdes dévoreuses de carbone et n'alimente aucune politique de substitution), a fait sauter à la figure de nos gouvernants et de leurs conseillers. La *politique sociale*, en l'occurrence essentiellement répressive et destructive, donc *antisociale*, n'est que l'autre face de la politique économique. Un régime capitaliste sans doute n'est jamais égalitaire. Du moins peut-il se maintenir temporairement à l'intérieur de limites d'inégalités vivables si la conflictualité sociale – ce qu'on appelait autrefois « les luttes » – complétée par des politiques d'intérêt et de cohésion nationale (qu'il faudrait aujourd'hui repenser à l'échelle continentale et au-delà) freine la paupérisation et impose un certain degré de redistribution, que ce soit par le biais de l'impôt ou par celui des services publics.

Tout s'est passé au contraire comme si Emmanuel Macron avait vu dans son élection un mandat pour accélérer la « casse » : celle du droit du travail, celle de la fiscalité progressive, celle des instances de négociation et de représentation professionnelle, celle du service public et des aides sociales. L'idée sous-jacente était sans doute qu'on compenserait la dévastation de la société « civile », avec ses conséquences potentiellement démoralisatrices et ses effets de « désaffiliation » ou d'« insécurité sociale[1] » (Robert Castel), par un mélange de propagande « entrepreneuriale » et de moralisme bien-pensant, sans se douter qu'il puisse y avoir un retour de flamme…

Je m'arrête encore un instant sur ce point, et j'en fais mon quatrième aspect. Ne parlons pas seulement, à l'ancienne, de dimension idéologique du macronisme, mais plutôt d'une charge symbolique qui a fini par exploser avec une extrême violence, parce qu'elle rencontrait une situation matérielle devenue intolérable pour un très grand nombre, et fusionnait avec elle. On a eu raison de souligner les côtés caractériels que révèle le comportement du Président : son agressivité, son mépris affiché pour les « perdants », les « illettrées » et les gagne-petit qui n'arrivent plus à joindre les deux bouts, au point que son entourage a dû finir par lui en signaler les effets négatifs sur sa capacité de gouverner. Mais je crois que ceci n'est que la surface d'un plus vaste problème, que traduit bien la formule omniprésente dans les rassemblements des gilets jaunes : « Ils nous prennent pour des imbéciles. » « Ils », c'est-à-dire toute la technocratie dominante dans ce pays (qui est aussi, souvent, une ploutocratie), allant depuis celui qui se fantasme en « maître des horloges » et des algèbres jusqu'à ces réformateurs de programmes scolaires à la baguette (ou même à la hache), et ces économistes « toulousains » qui expliquent sans rire dans leurs tribunes et leurs notes de synthèse que les difficultés de la France à « rester dans la course » viennent de l'absence d'une « culture économique de base » des citoyens.

On aurait tort de croire que ceci n'a pas été perçu, et surtout que la masse des citoyens a oublié la différence entre le

1. Robert Castel, *L'Insécurité sociale. Qu'est-ce qu'être protégé ?*, Paris, La République des Idées-Seuil, 2003.

postulat démocratique, qui est la *compétence du peuple*, une fois muni des informations nécessaires, sincères et intelligibles, et le postulat oligarchique de son ignorance et de sa bêtise. Mettez ce ressentiment au contact d'une détresse qui vous colle le dos au mur, ajoutez une imposture flagrante à propos de l'écologie (au lendemain même de la démission du ministre qui avait été bruyamment chargé d'en défendre les valeurs et qui n'a pas caché son sentiment de trahison), et vous obtenez une vraie révolte populaire, peut-être incertaine de ses débouchés, mais parfaitement consciente de son objet, et pour cette raison même incoercible aussi longtemps que les causes n'en auront pas été clairement prises en compte.

Il faut alors en venir à la façon dont se présente aujourd'hui *le face-à-face* que le Président, jouant une fois de plus de la « hauteur » et de la « fonction », a éludé plutôt que reconnu dans son allocution. Pour avoir fait l'objet d'une dénégation, il n'en existe pas moins, à un double niveau : entre sa personne, sa parole (rare, préparée, contournée), sa posture élyséenne, et la geste démocratique des gilets jaunes, qui occupent stratégiquement les « ronds-points » et les péages de France, occasionnellement ses places ou ses grandes avenues ; entre les capacités d'action du gouvernement et l'attente des citoyens ou d'une grande partie d'entre eux, qui exigent un changement et non un catalogue d'additions et de soustractions. Entre les deux, il y a aussi la perception de l'opinion publique qu'on joue franc-jeu ou qu'on fait semblant, qu'on cherche une négociation ou qu'on espère bénéficier d'un pourrissement, voire le favoriser. Cette opinion publique, les sondages la mesurent, les paroles qui s'échangent sur la place reflètent son sens et son évolution, dont au bout du compte tout va dépendre.

Il y a d'évidence une puissante dimension affective. C'est à juste titre que, par-delà les proclamations répétées du député Ruffin, on a fait état de la *haine* qu'inspirent la personne du Président, son mode d'exercice du pouvoir et le style de « gouvernance » qu'il incarne, auprès d'une grande quantité de citoyens. Rien d'irrationnel là-dedans, quoi qu'on en dise, mais plutôt la matérialisation *hic et nunc*, dans la France du XXIe siècle, d'une vérité politique connue depuis Machiavel (un auteur qu'avait, paraît-il, étudié Emmanuel Macron) : la *crainte* qu'inspirent les gouvernants est gérable, elle peut même être utile, mais pas la *haine*, sauf pour le « prince » à entreprendre une conversion, un changement ostentatoire de personnalité (comme on l'a vu parfois dans des situations d'exception, le plus souvent liées à des exigences de « salut public »).

Je doute fort que cette conversion soit possible, non seulement pour des raisons psychologiques, mais parce qu'il faudrait pour cela, comme l'y exhortent certains de ses partisans désemparés, que notre Président échange en quelque sorte une famille contre une autre, « trahissant » ceux qui l'ont « fait » ce qu'il est et l'ont amené jusqu'aux portes du pouvoir, en faveur de ceux à qui, dans sa campagne électorale (menée, il faut le reconnaître, avec efficacité et talent), il avait su donner le change… Il n'est sûrement pas assez machiavélien pour cela.

Mais surtout la dimension affective s'insère dans une situation objective qui ne laisse pas d'échappatoire. Dans une autre formule célèbre, Lénine l'avait évoquée naguère (pour en faire la caractéristique des « situations révolutionnaires » : n'allons pas si vite en besogne) en disant : la crise est irréversible quand ceux d'en haut ne peuvent plus gouverner comme avant, et ceux d'en bas ne veulent plus être gouvernés comme avant… C'est bien le cas aujourd'hui, et c'est ce qui s'est joué dans les coulisses de l'allocution du 10 décembre, entre consultations et conseils avisés (y compris, comme on vient de l'apprendre, ceux de l'ancien président Sarkozy), autour de la question névralgique du *seuil*, à la fois financier et symbolique, *à franchir ou non* pour résoudre le conflit, ou du moins pour essayer d'en repousser les échéances.

Tout s'est visiblement cristallisé autour d'une *unique mesure* qui, à elle seule, concentrait l'antagonisme et va continuer de le concentrer : *ou bien* l'impôt sur la fortune était *rétabli*, sous ce nom ou sous un autre équivalent, et même étendu de façon à couvrir à la fois les charges budgétaires accrues d'une politique sociale un peu plus équitable et les besoins d'une transition énergétique réelle, *ou au contraire* on assistait à la « sanctuarisation » de son abolition, qui scelle l'alliance de Bercy et du CAC 40, voire de Neuilly, et qui implique de récupérer d'une main, tôt ou tard, ce qu'on vient de concéder de l'autre.

La réponse est désormais acquise : le Président ne cédera pas, faute de quoi il perdrait à la fois son prestige, son gouvernement et ses conseillers, sans oublier ce qui reste de sa majorité. Il s'enfoncera donc toujours plus profondément dans l'impasse, au risque de devoir instituer véritablement *l'état d'urgence* (pour l'instant qualifié de « social et économique », mais déjà corrélé avec un discours d'ordre public « rigoureux »). Ce n'est pas de lui qu'il faut attendre une solution, sauf le pire.

La situation ne peut donc évoluer, se débloquer, ou avancer, comme on voudra, que du côté du « mouvement » lui-même. Elle dépend étroitement de ce qu'il est et de ce qu'il va devenir. Comme tout le monde (sauf ceux qui ont la science révolutionnaire infuse) je suis de ce point de vue à la fois dans la passion et dans l'expectative, quitte à participer aux initiatives de solidarité et de défense des droits démocratiques (avant tout le droit de manifester librement et en sécurité, sans faire l'objet d'un matraquage indiscriminé au moyen d'armes de guerre civile), et à formuler des opinions, nécessairement révisables, qui peuvent alimenter le débat public.

Je n'irai évidemment pas revendiquer pour mon compte une revalorisation de niveau de vie dont je n'ai pas besoin. J'en perçois l'urgence absolue, déterminante, je vois apparaître en contrepoint d'autres intérêts, tout aussi fondamentaux, et j'essaie de me placer par l'imagination au point de vue de l'ensemble d'un mouvement qui concerne, de proche en proche, toute la société, et porte désormais une part essentielle de son avenir. En vérité les Français qui n'auraient pas intérêt à ce que les gilets jaunes obtiennent satisfaction, à ce qu'ils imposent un coup d'arrêt aux logiques néolibérales et par là même enclenchent une transition démocratique et sociale, sont une minorité, et nous avons tous un devoir de compréhension et un droit d'expression, ou plutôt d'hypothèse. Cela peut changer, mais c'est le *fait* massif, incontournable, du moment actuel.

Qui sont donc, dans toute l'épaisseur et la multiplicité de leurs rassemblements, les gilets jaunes ? Leurs déclarations, les descriptions qu'ils donnent d'eux-mêmes, corroborées par quelques remarquables enquêtes de terrain effectuées en temps réel (ce qui suffirait à revaloriser la fonction civique des sciences sociales), montrent qu'ils constituent un *échantillon représentatif* (et pour cette raison largement soutenu) non pas de *la population française*, au sens statique du terme (celui qu'enregistrent les recensements par catégories socioprofessionnelles, âge, sexe, lieu de résidence, etc.), mais de *ce qu'elle est en train de devenir*, en raison des tendances massives du capitalisme contemporain, que les politiques évoquées ci-dessus ont eu pour effet d'aggraver et de rendre plus perceptibles.

Je dirai pour ne pas compliquer inutilement le raisonnement qu'ils incarnent et dénoncent la *précarisation généralisée* de l'activité et des moyens d'existence, qui affecte aujourd'hui des millions de Français ou d'immigrés de toute formation et de toute résidence géographique (à l'exception, évidemment, des « beaux quartiers » et de certains habitats « bobos »), parce qu'ils sont pris en étau entre deux tendances lourdes caractéristiques du néolibéralisme, toutes les deux fondées sur l'application de la « concurrence libre et non faussée » : d'un côté *la nouvelle loi d'airain de compression des salaires*, directs et indirects (dont font évidemment partie les retraites), à laquelle contribuent la mondialisation et la mutation technologique dérégulées aussi bien que l'affaiblissement des organisations syndicales ; de l'autre *l'uberisation accélérée* des emplois manuels ou intellectuels qui ne dépendent pas d'entreprises territorialisées mais de plateformes numériques, instituant une concurrence « à mort » entre des individus (baptisés autoentrepreneurs) que leurs commanditaires tiennent par la demande intermittente et par la dette. *Les deux tendances convergent*, et des travailleurs ou des employés des villes, des banlieues et des campagnes qui ne sont pas tous encore arrivés à fond de cale voient bien qu'ils n'y couperont pas, même si le discours officiel annonce l'entrée dans un paradis individualiste qualifié de « start-up nation ».

Mais cette représentativité socio-économique se double aussi d'une *représentativité politique* qui fait toute l'originalité du mouvement des gilets jaunes et qui n'a pas manqué de susciter un flot d'interprétations, voire d'exploitations : prenant acte de la faillite de la politique représentative ou de sa disqualification, à laquelle ont concouru plusieurs facteurs institutionnels et sociologiques de longue durée, sans oublier les méthodes de gouvernement du pouvoir actuel que je rappelais ci-dessus, nos Gilets ont en somme proposé une *alternative conjoncturelle au dépérissement de la politique*, fondée sur *l'autoreprésentation* (et donc la *présence en personne*) des citoyens « indignés » sur la place publique, avec le soutien du voisinage et l'assistance technique des moyens de communication en « réseau ».

Cette alternative est remarquable en ceci qu'elle invente une nouvelle modalité d'articulation entre la solidarité locale, le rassemblement, et la convergence nationale, même si cela engendre aussi des tensions (voir l'épisode des « menaces » contre la délégation qui s'était proposée pour rencontrer le Premier ministre). Entre ces *deux représentativités* : la représentativité des tendances en cours de l'évolution sociale, et la représentativité politique de l'action directe et de la parole non codifiée (qui implique en particulier de tenir à distance les appareils électoraux, voire les simples militants organisés, même quand ils pourraient servir de soutiens ou de porte-paroles), il y a évidemment une résonance, il y a un parallélisme, mais qu'il ne faut pas se hâter de transformer en une nouvelle « essence » de la subjectivité collective, que ce soit au titre de la « multitude » ou de la « plèbe ». Il faut, je crois, la considérer comme le symptôme et l'acteur potentiel d'une conjoncture exceptionnelle, rapidement évolutive, peut-être créatrice si certaines conditions sont réunies.

Beaucoup de conditions, en fait. Car le mouvement est à la fois puissant, par le soutien qu'il suscite, par son désespoir, par sa nouveauté, par la dimension stratégique du double problème qui lui sert de cause et qui l'a déclenché : l'injustice fiscale, la contradiction économique et écologique, et fragile, comme l'est toute révolte qui vit sur l'endurance des individus qui la portent, dont aucune organisation n'assure les arrières, et contre qui vont se liguer peu à peu les classes privilégiées, une bonne partie des médias, et surtout la machine de l'État. À quelles conditions peut-il durer, c'est-à-dire vaincre, puisque son existence même est devenue l'enjeu de la bataille ? De façon non limitative, j'en suggérerai trois : *convergence* avec d'autres mouvements, moins originaux, mais pas moins représentatifs ; *civilité*, ou capacité de résister à l'engrenage d'une violence mimétique par rapport à l'État ; enfin et surtout émergence *d'une idée politique*, qui prolonge l'invention conjoncturelle en l'ancrant dans les institutions, et lui confère ainsi la capacité d'un « contre-pouvoir ».

La question de la *convergence* est évidemment cruciale, en termes de durée comme d'efficacité. Il faut la distinguer à la fois du simple phénomène *d'opinion publique* (ou comme disent les sondeurs, de sympathie, voire de solidarité), dont elle peut cependant infléchir l'orientation, et d'une *fusion historique* des mouvements de résistance et des aspirations à une autre société, que ce soit sous la forme d'une organisation émergente ou, au contraire, d'une « insurrection qui vient », anarchiquement cristallisée autour d'une puissance générique de refus ou de destitution. Mais d'un autre côté il faut bien voir que sa possibilité détient les clés d'un changement en profondeur dans les rapports de force et les relations de pouvoir au sein de notre société. Sans elle, si forte que soit la motivation du mouvement des gilets jaunes et résilientes les causes qui l'ont engendré, il risque de se trouver coincé entre deux effets probables de l'isolement : le découragement et la radicalisation, dans lesquels sombrerait sa capacité politique.

Mais penser une convergence virtuelle, à l'état naissant, appelle aujourd'hui à la prudence dans les formulations en même temps qu'à l'ouverture en direction de l'événement et de son imprévu. Je dirai, d'une part, qu'il faut une *compatibilité* entre des exigences et des expressions hétérogènes, laquelle n'est pas garantie, car il n'y a rien de tel qu'une « communauté » spontanée des demandes sociales (en face d'un « adversaire unique », qui serait le monstre néolibéral), et surtout il y a potentiellement toutes sortes de *contradictions conjoncturelles* bien réelles entre les logiques de changement (dont le heurt entre les projets de lutte contre le réchauffement climatique et l'urgence d'une énergie à bon marché pour la consommation de masse est un bon exemple). Et d'autre part il faut une *diversité assumée*, *reconnue*, des composantes de l'aspiration « populaire » à la démocratisation sociale et politique, autorisant les discussions, voire les négociations, entre elles, mais préservant à tout prix la singularité de leurs origines et de leurs voix propres.

C'est pourquoi on peut en effet parler, dans la terminologie gramscienne, de constitution d'un « bloc historique » et de « renversement d'hégémonie ». Mais il ne faut surtout pas entrer dans la conception des « chaînes d'équivalence » imaginées par les défenseurs du « populisme de gauche » qu'inspire la pensée d'Ernesto Laclau, qui veulent traduire toutes les demandes dans un seul langage convenablement idéalisé (et dont la contrepartie, comme vient de le redire très clairement Chantal Mouffe, est l'accent mis sur la puissance des affects au détriment des raisonnements, et le besoin d'un leadership incarné et personnalisé, dont on voit d'ailleurs aujourd'hui combien peu il correspond aux aspirations du mouvement[1]).

Je risquerai à nouveau l'expression dont je me suis servi il y a quelques années, au moment de la révolte des citoyens grecs contre le diktat de la *troïka* européenne : il s'agirait plutôt d'un *contre-populisme*, également distant de la politique oligarchique antipopulaire et des populismes idéologiques de gauche ou de droite[2]. Pas une petite énigme… Or ce qu'on voit me semble-t-il dans la conjoncture actuelle, c'est d'une part la formidable valeur d'entraînement d'un mouvement de revendi-

1. Chantal Mouffe, *Pour un populisme de gauche*, Paris, Albin Michel, 2018.

2. Je renvoie en particulier au numéro spécial de la revue *Actuel Marx* (Paris, Presses universitaires de France, n° 54, 2013/2), « Populisme, contre-populisme », dans lequel figure mon essai « Europe : l'impuissance des nations et la question "populiste" ».

cation et de révolte qui remet l'idée de citoyenneté active à l'ordre du jour, d'autre part l'extrême inégalité des effets qu'il engendre sur l'expression d'autres demandes de justice, d'égalité et d'émancipation.

Au registre des effets positifs, je rangerai sans hésiter le fait que les « marches pour le climat » du 8 décembre non seulement n'ont pas été minimisées ou dissuadées par la simultanéité de la manifestation des gilets jaunes, mais en ont même profité pour faire entendre avec plus de force l'idée qu'il n'y aurait pas de transition écologique sans un énorme effort de justice sociale et de répartition des coûts. D'où les rencontres qui se sont effectivement produites ici et là entre cortèges différents. Avec beaucoup plus de prudence, je situerai aussi de ce côté les convergences possibles avec le syndicalisme d'opposition, ouvrier ou paysan, car je ne tiens pas pour acquis que sa crise historique soit synonyme de disparition programmée, et c'est évidemment dans le feu d'une conjoncture de crise que ses capacités militantes pourraient se régénérer, si elles doivent le faire. Il y a des signes qui vont dans ce sens.

Je lirai dans l'autre sens, en revanche, le fait que la Journée de lutte contre les violences faites aux femmes (le 25 novembre) ait visiblement pâti, dans son assistance comme dans sa visibilité, de la concurrence avec le mouvement des gilets jaunes en plein essor. Cela ne veut pas dire qu'il y a incompatibilité, mais qu'on est dans des registres très hétérogènes, discursivement et affectivement, idéologiquement et socialement – pas nécessairement pour toujours, d'autant que tous les observateurs s'accordent à souligner comme un vrai signe de changement d'époque la présence active des femmes dans le mouvement des Gilets, mais sur d'autres lignes de mobilisation et de clivage.

Et je réserverai comme la grande inconnue, peut-être décisive, la question de savoir si et comment une convergence peut avoir lieu entre le mouvement des gilets jaunes et la révolte potentielle de la jeunesse des quartiers dont l'existence est dominée par le chômage préférentiel, la ségrégation urbaine et scolaire, l'abandon des services publics et les ravages du racisme d'État. Le mouvement de « l'antiracisme politique » qui dénonce ce racisme institutionnel (et notamment les discriminations au logement et à l'embauche, les violences policières contre les jeunes « non-Blancs ») s'est divisé tactiquement dans son rapport au mouvement des Gilets : une partie (avec le « Collectif Rosa Parks ») cherchant à maintenir son indépendance pour affirmer l'irréductibilité de l'oppression raciale, l'autre (avec le « Comité Adama ») préférant appeler tout de suite à une fusion ou une interpénétration[1]. Je ne sais évidemment pas ce qu'il en adviendra...

Une politique du pire pratiquée par le gouvernement peut consister à multiplier les brutalités et les humiliations envers les jeunes des banlieues (comme on l'a vu, ignoblement, au Lycée de Mantes-la-Jolie) pour déplacer de ce côté l'intensité maximale du conflit et lui conférer des formes plus violentes, au risque de l'incontrôlable. Une évolution souhaitable (faut-il dire utopique ?) consisterait dans la mise en route d'une conversation, peut-être à distance, peut-être intermittente, entre les citoyens qui font entendre avant tout la violence sociale, et ceux qui font entendre avant tout la violence raciale, dont il est évident qu'elles se recouvrent très largement, mais dont les discours et les affects ne sont pas les mêmes. Ce qui veut dire aussi que les questions « identitaires » dont veut jouer maintenant le Président ne peuvent être indéfiniment neutralisées, et chacun sait les dérapages qu'elles peuvent entraîner. Il faut les formuler comme telles.

1. Je renvoie à mon article paru dans *Libération* du 26 novembre 2018 : « Avec les Rosa Parks. Contre le racisme d'État ».

Peut-être les lycéens et étudiants, qui ont commencé à se mettre en grève autour de revendications allant du refus des dispositifs d'exclusion et de ségrégation par la carte scolaire jusqu'à l'affirmation de l'égalité des droits entre étudiants de toutes nationalités et de toutes couleurs, joueront-ils dans cette affaire, comme en d'autres temps, un rôle de médiateurs et de catalyseurs… La convergence est un problème, ce qui veut dire à la fois un horizon de possibilités et un nœud de contradictions dont chacune peut être exploitée pour désagréger le soutien au mouvement.

Et la violence, donc, il faut y venir. Au moment où j'écris, l'attentat terroriste de Strasbourg vient de se produire, ce qui crée une émotion et une tension aisément compréhensibles. Et comme en d'autres circonstances, le gouvernement (suivi d'une partie de la presse) semble ne pas pouvoir résister à la tentation de l'instrumentaliser, en combinant l'appel à l'unité nationale, comme s'il devait tout occulter, et le déploiement sécuritaire qui peut servir à plusieurs usages.

La violence *principale, permanente*, *omniprésente*, à laquelle il faut espérer que nos concitoyens ne s'habitueront pas, c'est la violence policière et judiciaire. Elle vient de loin : pensons aux brutalités contre les étudiants protestant contre la loi El Khomri sous le précédent quinquennat, au meurtre « légalisé » du jeune Rémi Fraisse, au démantèlement par la force de la ZAD de Notre-Dame-des-Landes, aux multiples entorses des forces de l'ordre contre les libertés individuelles et collectives, aux condamnations iniques ou disproportionnées. Elle s'appuie sur les éléments fascisants de la police ou les encourage (Benalla…). Elle tente en ce moment même de créer autour d'une nouvelle manifestation des gilets jaunes une atmosphère de peur, et comme une attente de confrontation et de destructions. Ceci pose un problème fondamental, stratégique autant que tactique. Je le dis sans détour, je crois que la symétrie d'une violence étatique et d'une contre-violence

« populaire » est un piège mortel dont il faut à tout prix trouver collectivement les moyens de se dégager. Les clés ne sont pas toutes entre les mains du mouvement, mais il doit faire un choix, de même que chacun de ses participants doit choisir.

J'entends et même je comprends l'argumentation qui dit que, sans une irruption de violence, le pouvoir n'aurait pas pris conscience de l'existence d'un face-à-face. Mais je fais observer que l'élément décisif n'a pas été la violence elle-même, c'est le fait qu'elle n'ait pas entraîné de baisse dans le soutien de l'opinion publique, tel que mesuré par les sondages. Or ce phénomène est strictement conjoncturel, il n'a rien de permanent ou d'acquis. De même, j'entends et je comprends l'analyse concrète qui montre que les attaques contre des policiers ou les pillages de magasins ne sont nullement le fait de seuls « casseurs » organisés (black blocs ou autres) ou de délinquants, mais impliquent des manifestants que l'accumulation des humiliations et des coups a fait basculer dans une « juste » colère contre les représentants et les symboles d'une société d'injustice. Ce sont eux que, par inclination et par calcul, Macron a stigmatisés dans son discours en prétendant les dissocier du bon peuple.

Il n'empêche, la théorie qui *pose une équivalence, ou une symétrie,* entre la violence économique ou « structurelle » subie et la violence politique ou « insurrectionnelle » prêchée et préméditée, comme si la seconde était non seulement une revanche contre la première mais une façon de la faire cesser, est aussi fausse historiquement que dangereuse politiquement. Bertolt Brecht a beau avoir écrit, dans une belle phrase souvent citée : « il y a pire que de dévaliser une banque, c'est d'en fonder une[1] », ce

1. Le mot de Bertolt Brecht ; parfois aussi traduit comme : « Qu'est-ce que le cambriolage d'une banque, comparé à la fondation d'une banque ? », figure à l'acte III, tableau 9 de *L'Opéra de quat'sous.*

n'en est pas moins une ânerie, du moins dans la conjoncture actuelle. Les banques se moquent d'une succursale endommagée, et tous les citoyens ont un compte en banque, voire un découvert.

La violence physique en tant que contre-violence, antiétatique ou anticapitaliste, ne crée aucun rapport de force favorable, encore moins une « conscience révolutionnaire ». Au contraire elle met la décision finale à la merci des flash-balls, des grenades, peut-être des blindés. Elle a pu créer naguère des mouvements de sympathie (je ne parle pas, bien entendu, des situations coloniales et des guerres de libération) : il suffit d'un mort (comme en 1986), ou d'un matraquage de masse (comme en mai 1968), à condition de ne pas être planifiée à cette fin. Mais dans le lieu et le moment actuels je lui vois trois inconvénients absolument rédhibitoires : elle constituera très vite un facteur de désaffection publique exploitable par le pouvoir, surtout s'il s'y ajoute des difficultés économiques imputables au mouvement ; elle placera tendanciellement le conflit sur le terrain de l'acceptation ou du rejet de « l'État », ce qui n'est pas du tout son enjeu ; enfin elle favorisera le rapprochement des extrémistes de droite et de gauche, sous prétexte que « l'ennemi de mon ennemi ne peut pas être mon ennemi » (si je comprends bien cette formule hasardeuse dont s'est servi l'éditeur Éric Hazan[1]). Il faut, me semble-t-il, que le mouve-

1. La référence est à l'entretien d'Éric Hazan avec Joseph Confavreux : « Paris n'est pas un acteur, mais un champ de bataille », Mediapart, 7 décembre 2018. Sa phrase exacte est : « Pour toute une frange des intellectuels, la violence, c'est le mal. Pour celles et ceux qui ne s'arrêtent pas là-dessus et peuvent la juger parfois légitime, le fait que l'extrême droite soit présente dans cette violence en défrise pas mal. Mais moi, ça ne me gêne pas. [Question de Joseph Confavreux : Pourquoi ?] Parce que les ennemis de mes ennemis ne sont pas vraiment des amis, mais un peu quand même. »

ment des gilets jaunes, profondément civique, garde aussi le privilège de la civilité, ou de l'antiviolence, si difficile que cela puisse parfois sembler à certains de ses participants ou de ses soutiens, et si perverses que puissent devenir les stratégies de provocation qui veulent sa perte. Il ne s'agit pas de céder au chantage du chaos, de cultiver la peur au sein du mouvement, mais de démontrer une force et une intelligence supérieures aux manœuvres, indispensables aujourd'hui pour ouvrir de grandes possibilités stratégiques.

Mais pour cela il faut aussi que se dégagent rapidement des perspectives crédibles d'action collective, de débat et même de confrontation entre les diverses sensibilités, voire les diverses idéologies à l'œuvre dans le mouvement, de rencontre avec d'autres demandes sociales, et de construction d'un rapport de force au sein des institutions. De telles perspectives, on l'a dit de plusieurs côtés et j'en suis d'accord, ne résident pas dans les élections à venir (qui verront inéluctablement la progression de l'extrême droite, d'autant qu'il s'agit d'élections « européennes ») ; elles relèvent d'une impulsion démocratique radicale, évidemment présente au cœur de l'invention des gilets jaunes : c'est ce que j'appelais plus haut leur *alternative* au dépérissement de la politique. Mais une impulsion ne suffit pas, elle a besoin d'un développement continu, et donc elle a besoin d'une *idée politique*, au sens cette fois de l'intelligence des situations, de l'occasion à saisir, des leviers qu'il faut empoigner. Cherchons donc cette idée, ou plutôt écoutons si dans certains des mots qui circulent, par Internet ou autrement, elle n'aurait pas déjà donné son nom.

Un mot fait mouche à cet égard : celui d'« États généraux », évoquant pour tout un chacun (vertus de l'Éducation nationale à la française…) le grand moment historique de constitution du « peuple politique » en face des couches privilégiées, évidemment appelé aussi par la comparaison insistante, qu'il a lui-même sollicitée, du pouvoir présidentiel actuel avec la tradition monarchique. Nous ne sommes pas ici dans le fameux « costume antique » évoqué par Marx en des textes célèbres, dont les mouvements de masse se serviraient comme d'un écran imaginaire sur lequel projeter leur désir de révolution. Nous sommes plutôt dans une confrontation qui se dessine entre les deux extrémités du grand cycle qu'ont parcouru chez nous, à l'époque moderne, les institutions du libéralisme, et que signale à chaque fois l'élargissement des exigences et de la forme même de participation aux affaires publiques.

Ce que je trouve intéressant, en particulier, dans cette idée, c'est qu'elle ait été formulée en relation privilégiée avec la question de la justice fiscale (et par voie de conséquence du niveau de vie et des prestations sociales), au « centre » comme à la « périphérie », par des intellectuels ou même des politiques, et par les gilets jaunes de Bretagne qui se sont réunis pour la mettre en branle à Carhaix le 8 décembre dernier, et doivent à nouveau s'y retrouver bientôt. C'est le fait que, dans la tradition des « cahiers de doléances », elle conjugue l'idée d'une rédaction collective d'en bas avec l'exigence d'un débouché national, d'une nouvelle gouvernementalité des choix économiques et de l'imposition, qui ne cantonne plus les citoyens dans l'alternative de subir ou de se révolter.

Mais d'autres initiatives tout aussi constructives emploient un langage différent, comme celui des gilets jaunes de Commercy dans la Meuse, qui parlent d'assemblées ou de *comités populaires*, et mettent par conséquent l'accent non pas sur la « remontée » des demandes ou sur la gouvernementalité, mais sur la démocratie locale directe et l'expérience vécue de l'égalité. Ou comme la « Maison du peuple » de Saint-Nazaire, installée dans l'ancien siège de Pôle emploi [transformé en sous-préfecture provisoire] promis à la démolition, où s'organisent au jour le jour en autogestion les initiatives du mouvement, écho d'une longue et héroïque histoire de luttes ouvrières et d'autonomie. Est-ce contradictoire ? Il ne m'appartient pas d'en décider prématurément et présomptueusement, bien que j'aie tendance à y voir plutôt une complémentarité qu'une cacophonie. Nous allons voir, si le mouvement tient bien sûr.

Mais précisément, je pense que toutes ces formules dans lesquelles s'expriment puissamment la « prise de parole » collective (comme avait écrit Michel de Certeau en mai 1968), et la volonté de sortir d'une position « subalterne » dans la société et dans la vie publique, ont besoin d'un *ancrage institutionnel* pour *construire effectivement un contre-pouvoir* en face du monopole technocratique cuirassé d'expertise économique, de force publique et de légitimité juridique. Cette idée me semble en partie la même que celle avancée par Antonio Negri, sauf que je ne parle pas de « double pouvoir » mais de contre-pouvoir : nous ne sommes pas en 1917 (et nous n'y serons sans doute plus jamais[1]).

Trouver un ancrage institutionnel ne veut pas dire qu'on « rentre » au bercail des institutions, sous le joug des cadres administratifs et représentatifs, des délégations et des concessions. Ce peut être au contraire *saisir* une possibilité offerte, et la retourner contre son instrumentation descendante et condescendante. Je suggère donc que tout ceci pourrait se concrétiser en particulier, ouvrant une dialectique de l'autoreprésentation et de la gouvernementalité, si les *municipalités* (à commencer par certaines d'entre elles donnant l'exemple : les plus sensibles à l'urgence de la situation ou les plus ouvertes à l'invention

1. La référence est à l'article d'Antonio Negri paru sur Euronomade, le 4 décembre 2018, « *L'insurrezione francese* » (« L'insurrection française »).

démocratique) *décidaient maintenant d'ouvrir leurs portes* à l'organisation locale du mouvement, et se déclaraient prêtes à en répercuter les exigences ou les propositions jusqu'au sommet de l'État.

La légitimité des communes de France est absolument inattaquable aussi longtemps que nous sommes en République, et la fonction stratégique qu'elles remplissent dans la communication entre le pouvoir et les citoyens (donc entre les citoyens et le pouvoir), dès lors que le Parlement n'est plus qu'une chambre d'enregistrement et un lieu de joutes oratoires entre le gouvernement et l'opposition, vient d'être explicitement reconnue par le Président. En vérité elles se situent potentiellement *au cœur du face-à-face* qui s'est engagé, puisque la seule concession démocratique dont il a fait état a consisté à annoncer qu'il se rendrait « région par région » auprès des maires de France qui « portent la République sur le terrain » pour recueillir, *par leur intermédiaire,* les « demandes » des citoyens… Mais les maires sont précisément ce que veulent les citoyens, ou ce qu'ils leur *demandent d'être.* Et il n'y a aucune raison, au cœur d'une crise sociale dans laquelle la responsabilité d'un dirigeant politique apparaît écrasante, d'attendre qu'il dicte lui-même les modalités, le moment et les limites de la consultation dont il a besoin pour se relégitimer. Il faut au contraire que le lieu « naturel » de la citoyenneté active, où depuis l'origine et dans le principe le pouvoir constituant (le peuple) et les pouvoirs constitués (les élus de base) peuvent échanger leur place et leurs moyens, prenne son autonomie et revendique ses prérogatives.

Ainsi le face-à-face qu'on a voulu à tout prix éluder lundi 10 décembre s'imposerait dans les faits. C'est comme cela que la démocratie s'invente et que peut-être, au bout du compte, un régime peut changer. Du rond-point à la mairie, en passant par la place publique, le chemin n'est pas long, ce qui ne veut pas dire qu'il serait facile à parcourir. Manifestations, assemblées populaires, contre-pouvoir municipal, États généraux ou leur équivalent moderne, telle est peut-être la quadrature du cercle qu'il faut résoudre au jour le jour et dans les semaines qui viennent, mais probablement assez vite, pour que d'une révolte à laquelle personne ne s'attendait surgisse une idée politique dont tout le monde a maintenant besoin. Une course de vitesse est engagée, et nous devons trouver les moyens de la gagner. C'est l'hypothèse que modestement j'ai voulu soumettre à la discussion.

Étienne Balibar, philosophe, est professeur émérite à l'université de Paris-X-Nanterre. Il est notamment l'auteur de *Spinoza politique. Le transindividuel* (Presses universitaires de France, 2018), *Europe, crise et fin ?* (Le Bord de l'eau, 2016) et des *Frontières de la démocratie* (La Découverte, 2013).

Réunion des gilets jaunes de Perpignan et des Pyrénées-Orientales, à Saint-Laurent-de-la-Salanque, le 29 novembre 2018. Élection du représentant départemental des gilets jaunes, Adil, nouveau porte-parole du mouvement pour le 66 avant les blocages annoncés de ce troisième week-end. © Jean-Christophe Milhet/Hans Lucas

Gilets jaunes sur une barricade en feu lors de la manifestation du 24 novembre 2018 aux Champs-Élysées, à Paris. © Thibaut Godet/Hans Lucas ▶

MACRON = DESTITUTION
GOUVERNEMT = DEMISSION
SYSTEME = ABOLITION

Rue Roy, à Paris, quatre cavaliers de la police montée bloquent le passage des manifestants. Derrière-eux, une voiture brûle et un camion de la protection civile tente de se frayer un passage. Manifestation des gilets jaunes du 1er décembre 2018.

Lors de l'acte IV, le 8 décembre 2018, sur le boulevard des Italiens à Paris, des manifestants brandissent une banderole. Ils seront rapidement dispersés par les lacrymogènes et le canon à eau.
© Joseph Confavreux

Bibliographie

François Ascher, *Métapolis ou L'Avenir des villes*, Paris, Odile Jacob, 1997.

Stéphane Beaud, Joseph Confavreux et Jade Lindgaard (dir.), *La France invisible*, Paris, La Découverte, 2006.

Pierre Bourdieu, *La Misère du monde*, Paris, Seuil, 1993.

—, *Méditations pascaliennes*, Paris, Seuil, 1997.

—, « Le hit-parade des intellectuels français ou qui sera le juge de la légitimité des juges ? », (*Actes de la recherche en sciences sociales*, vol. 52, n° 1, p. 95-100.)

Wendy Brown, *Défaire le dèmos. Le néolibéralisme, une révolution furtive*, trad. Jérôme Vidal, Paris, Éditions Amsterdam, 2018.

Judith Butler, *Rassemblement. Pluralité, performativité et politique*, trad. Christophe Jacquet, Paris, Fayard, 2016.

Marie Cartier, Isabelle Coutant, Olivier Masclet, Nicolas Renahy et Yasmine Siblot, *Sociologie des classes populaires contemporaines*, Paris, Armand-Colin, 2015.

Robert Castel, *L'Insécurité sociale. Qu'est-ce qu'être protégé ?*, La République des Idées-Seuil, 2003.

Michel de Certeau, *La Prise de parole et autres écrits politiques*, Paris, Seuil, 1994.

Éric Charmes, *La Ville émiettée. Essai sur la clubbisation de la vie urbaine*, Paris, Presses universitaires de France, 2011, *La Revanche des villages*, La République des Idées-Seuil, 2019.

Louis Chauvel, *La Spirale du déclassement. Essai sur la société des illusions*, Paris, Seuil, 2016.

Déborah Cohen, *La Nature du peuple. Les formes de l'imaginaire social*, Paris, Champ Vallon, 2010.

Bruno Cousin, Camila Giorgetti, Jules Naudet et Serge Paugam, *Ce que les riches pensent des pauvres*, Paris, Seuil, 2017.
Isabelle Coutant, *Les Migrants en bas de chez soi*, Paris, Seuil, 2018.
Nicolas Delalande, *Les Batailles de l'impôt. Consentement et résistances de 1789 à nos jours*, Paris, Seuil, 2014.
Rodolphe Dodier, *Habiter les espaces périurbains*, Rennes, Presses universitaires de Rennes, 2012.
Michaël Fœssel, *Après la fin du monde*, Paris, Seuil, 2012.
Michel Foucault, *Naissance de la biopolitique*, Paris, « Hautes études » EHESS – Gallimard-Seuil, 2004.
Jeffrey Kenworthy et Peter Newman, *Sustainability and Cities: Overcoming Automobile Dependence*, Washington D. C., Island Press, 1998.
Camille Landais, Thomas Piketty et Emmanuel Saez, *Pour une révolution fiscale. Un impôt sur le revenu pour le XXIe siècle*, Paris, Seuil, 2011.
Marie-Hélène Massot (dir.), *Mobilités et modes de vie métropolitains. Les intelligences du quotidien*, Paris, L'Œil d'Or, 2010.
Pierre Merlin, *L'Exode urbain*, Paris, La Documentation française, 2009.
Jean-Claude Monod, *Qu'est-ce qu'un chef en démocratie ? Politiques du charisme*, Paris, Seuil, 2012.
—, « Quels espaces pour la démocratie ? », *Esprit*, n° 397, août-septembre 2013, p. 117-126.
Gérard Noiriel, *Une histoire populaire de la France. De la guerre de Cent Ans à nos jours*, Paris, Agone, 2018.
Dominique Pasquier, *L'Internet des familles modestes. Enquête dans la France rurale*, Paris, Presses des Mines, 2018.
Thomas Piketty, *Le Capital au XXIe siècle*, Paris, Seuil, 2013.
Jacques Rancière, *Le Partage du sensible. Esthétique et politique*, Paris, La Fabrique, 2000.
Pierre Rosanvallon, *Le Bon Gouvernement*, Paris, Seuil, 2015.
—, *La Société des égaux*, Paris, Seuil, 2011.
Alexis Spire, *Résistances à l'impôt, attachement à l'État. Enquête sur les contribuables français*, Paris, Seuil, 2018.
Cécile Van de Velde, « Le sociologue et les médias », *in* Serge Paugam, *L'Enquête sociologique*, Paris, Presses universitaires de France, 2002, p. 403-420.
Sophie Wahnich, *Les Émotions, la Révolution française et le présent. Exercices pratiques de conscience historique*, Paris, CNRS Éditions, 2009.
Michelle Zancarini-Fournel, *Les Luttes et les Rêves. Une histoire populaire de la France (1685-2005)*, Paris, Zones, 2016.

Table des matières

Avant-propos 5
Joseph Confavreux

I. Les gilets jaunes sous l'œil de l'Histoire

L'économie morale et le pouvoir 17
Samuel Hayat

Sans-culottes et gilets jaunes 29
Sophie Wahnich

Un événement 45
Ludivine Bantigny

« On est en train de faire l'Histoire » 57
Michelle Zancarini-Fournel

II. Les raisons de la colère

La couleur de la justice fiscale 79
Thomas Piketty

Le ressenti ne ment pas 85
Louis Chauvel

Reformuler la question sociale 91
Alexis Spire

La crise de l'État néolibéral 99
Jean-Claude Monod

III. Cinquante nuances de jaune

La teinte des gilets 125
Aurélien Delpirou

De l'algorithme des pauvres gens à l'Internet des familles modestes 135
Olivier Ertzscheid

Les « petits-moyens » prennent la parole 147
Isabelle Coutant

Chaque fin de mois, la fin du monde 151
Michaël Fœssel

IV. Le spectre des possibles

Accroître le « pouvoir de vivre » 173
Pierre Rosanvallon

Rendre la monnaie 181
David Graeber

Le sens du face-à-face 189
Étienne Balibar

Bibliographie 219

RÉALISATION : NORD COMPO À VILLENEUVE-D'ASCQ
NORMANDIE ROTO IMPRESSION S.A.S À LONRAI
DÉPÔT LÉGAL : JANVIER 2019. N° 142620 (1805532)
IMPRIMÉ EN FRANCE